Isabel Ortega

Matemática para padres desesperados

HACE FÁCIL
LO QUE PARECE DIFÍCIL

Matemática para padres desesperados
es editado por
EDICIONES LEA S.A.
Av. Dorrego 330 C1414CJQ
Ciudad de Buenos Aires, Argentina.
E-mail: info@edicioneslea.com
Web: www.edicioneslea.com

Ilustraciones: Fernando Martínez Ruppel

ISBN 978-987-718-120-3

Queda hecho el depósito que establece la Ley 11.723.

Primera edición. Julio de 2014.
Impreso en Argentina. Punto Arte y Reproducciones.

Ortega, Isabel
Matemática para padres desesperados : hace fácil lo que parece difícil
. - 1a ed. - Ciudad Autónoma de Buenos Aires : Ediciones Lea, 2014.
64 p. ; 24x17 cm. - (Libros conCiencia; 2)

ISBN 978-987-718-120-3

1. Material Auxiliar para la Enseñanza. 2. Matemática.
CDD 371.33

Los padres y la matemática de sus hijos

Los padres que ayudan a sus hijos a hacer la tarea de matemática para la escuela a veces tropiezan con lagunas en sus propios conocimientos. No importa que sea porque no recuerdan cosas que aprendieron en otro tiempo, o que se trate de cuestiones que nunca aprendieron. Para el caso es lo mismo. Este libro se propone ayudar a esos padres, abuelos, o quien sea que necesite saber, en lenguaje claro, los conceptos de matemática que no tienen presentes. En mi blog, *Matemática clara*, muchos adultos entran en busca de respuestas para ayudar a sus niños y jóvenes estudiantes. Así, Mirna me hizo llegar este pedido.

Buenos días. Soy madre de unos adolescentes *que se traban todos en las matemáticas. Van a 1° año y 8° grado. En los libros de estudio no hay muchos ejemplos a seguir, cómo hago para guiarlos y dónde puedo encontrar cuestionarios o una guía para orientarlos.*
Me gusta mucho este sitio. Felicidades.
Gracias.

Mirna

Ésta es la respuesta que le envié:

Estimada Mirna.
¿En qué consisten exactamente las trabas de tus hijos? Te pregunto esto porque, si ya son adolescentes y tienen dificultades, es muy probable que sean cosas que no han quedado claras a lo largo de los años de escuela. Te mando esta guía para que observes y me puedas contar:

- ¿Se manejan con soltura con los cálculos con dinero?
- ¿Pueden calcular cuántos cuadraditos tiene una hoja cuadriculada? ¿Cómo lo calculan?
- Si hacen un cálculo con calculadora, ¿están seguros del resultado que les devuelve la máquina o preguntan al adulto si está bien?
- ¿Saben de memoria las tablas de multiplicar?
- ¿Tienen recursos para saber si 31/52 es menor, igual o mayor que 30/40?
- Cuando resuelven cálculos, ¿lo hacen aplicando mecanismos aprendidos de memoria?, ¿llegan al resultado deduciendo por caminos propios?, ¿se pierden sin llegar al resultado?, ¿pueden defender el procedimiento que hicieron porque están seguros de su validez?
- ¿Saben con seguridad mostrar extendiendo los brazos cuánto de largo es un metro?
- ¿Sufren con la tarea de matemática que les dan en la escuela?
- ¿Tienen dificultades para aprobar los exámenes?
- ¿Saben hacer cuentas de dividir con decimales?, ¿y calcular porcentajes?, ¿cómo se llevan con la regla de tres simple?
- ¿Saben usar el compás?, ¿y el transportador para medir ángulos?

Espero que te sirva esta guía y quedo a la espera de tus comentarios a ver si te puedo ayudar. Gracias por comunicarte.

Isabel Ortega

¿Qué es un número?

Como definir *número* involucra muchas y complejas cuestiones técnicas de la Matemática y de la Filosofía de la Matemática, diré sólo algunas aclaraciones en lenguaje coloquial para partir de ellas y arribar a otros conocimientos que pueden ser del interés de los padres que lean este libro.
A los números que usamos para contar y los que indican cantidad de objetos en un montón, se los llama **Números Naturales.**
Por ejemplo:
0, 1, 2,... , 25, 26, ..., 1000, 1001, etcétera.

Los números que se usan para indicar cantidad de partes se llaman **Números Racionales,** y se los nombra con las **fracciones** o con **números con coma decimal.**

$$\frac{2}{5}, \quad \frac{31}{4}, \quad \frac{1}{8}, \quad \frac{2009}{10}, \quad \frac{1}{3}$$

0,4 7,75 0,875 200,9 0,333...

¿Para qué queremos saber cuántos son?

El primer matemático de la Humanidad fue seguramente un pastor genial que, obligado a saber si su rebaño, tras ir al pastoreo y volver, tenía la misma cantidad de animales, ideó un sistema con el que a cada animal le hacía corresponder una piedrita y así se aseguraba de tener tantas piedras como animales. Mientras conservaba las piedras en el bolsillo podía establecer una correspondencia que le permitía saber si tenía todos sus animales. Al echar un vistazo a las piedras sabía cuántos animales tenía.
El asunto seguramente se complicó cuando fueron muchos los animales y, por lo tanto, muchas las piedras. Más aún, una economía agrícola, aunque rudimentaria, necesitaría datos numéricos para ser usados más adelante o por otra persona. Para saber cuántos eran se hizo necesario poner un nombre a cada cantidad.

¿Cómo contamos?

El pastor de nuestro relato tenía muchas vacas pero, ¿cuántas son?

Suponemos que, en un rapto de genialidad, el pastor decidió contar sus vacas haciendo montones y, en vez de piedras que eventualmente puediera perder, usó la cantidad de dedos de una de sus manos. Separó así un montón de cinco vacas, tantas como dedos de una mano.

Formó otro montón con las que sobraban.

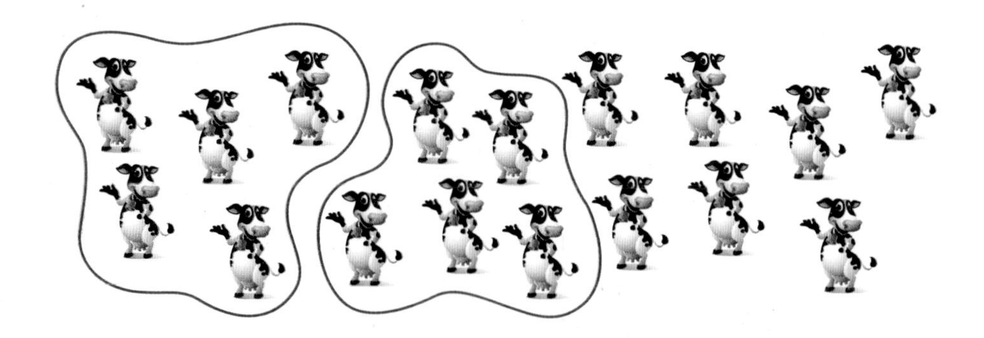

Como aún sobrabas animales hizo otro montón más.

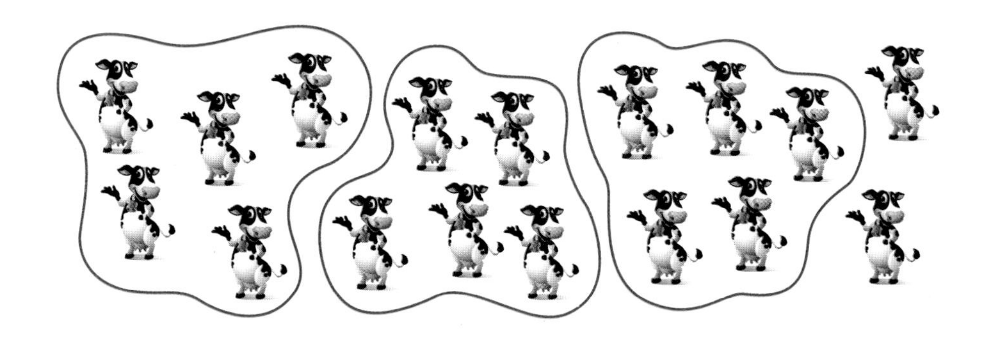

Cuando no pudo armar más montones, concluyó que tenía tres montones de a cinco y dos vacas más. En matemática, contar haciendo montones de a 5 se llama **en base 5.**

Es hora de anotar

La necesidad de anotar cantidades ha impulsado desde la antigüedad a los distintos pueblos a idear un sistema que lo permitiera. Esos sistemas tienen reglas que se adoptan en base a convenios que son respetados, tanto los que escriben, como los que leen los números anotados. Esto se llama **sistema de numeración.**

Hay muchos sistemas de numeración, con diferentes reglas, los hay más elementales y más sofisticados. Los más conocidos en Occidente son los **números romanos** y el **sistema decimal.**

Contar con los dedos

Volvamos al famoso número de nuestro amigo el pastor y sus diecisiete vacas. Cuando decimos "diecisiete" estamos aludiendo a tres palabras: diez, y, siete. Es que hemos agrupado de a diez. Claro, nuestro sistema de numeración se llama *decimal* porque cuenta haciendo montones de a diez. No es casual esa cantidad. Contamos de a diez porque en un principio se contó con los dedos de las manos. La palabra **diez** viene del vocablo **dedos**. El hecho de que muchas culturas a lo largo de la historia hayan agrupado de a diez (y muchas de a cinco o de a veinte) se relaciona con la cantidad de dedos que tenemos los humanos en cada mano. Nuestro sistema de numeración agrupa de a diez para contar, es una numeración **en base diez**. Las diecisiete vacas de nuestra historia, podrían contarse como las dos manos completas y siete dedos más.

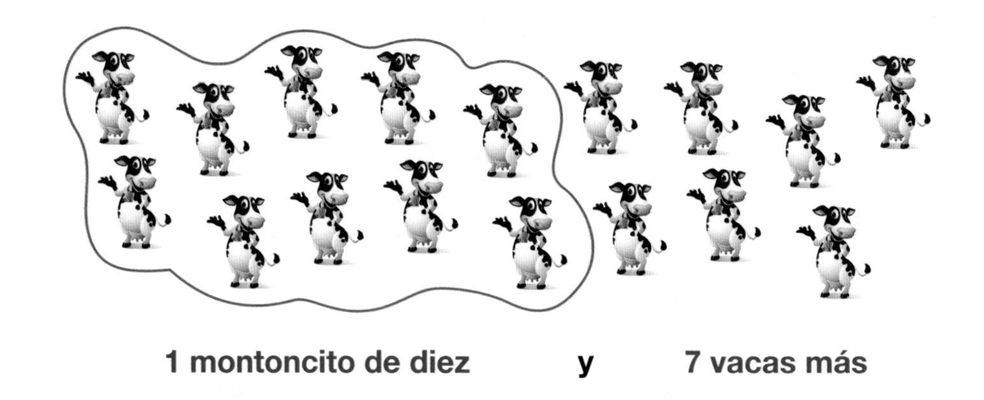

1 montoncito de diez **y** **7 vacas más**

Las distintas cantidades de dedos de las manos tienen nombres que se llaman **dígitos**. Esto de *dígito* deriva del vocablo *dedos*.

0 1 2 3 4 5 6 7 8 9

<table>
<tr><td>0</td><td></td><td>5</td><td>|||||</td></tr>
<tr><td>1</td><td>|</td><td>6</td><td>||||||</td></tr>
<tr><td>2</td><td>||</td><td>7</td><td>|||||||</td></tr>
<tr><td>3</td><td>|||</td><td>8</td><td>||||||||</td></tr>
<tr><td>4</td><td>||||</td><td>9</td><td>|||||||||</td></tr>
</table>

La cantidad de dedos de las dos manos, es decir, "todos los dedos", se llama **decena**, vocablo que también deriva de la palabra dedos.

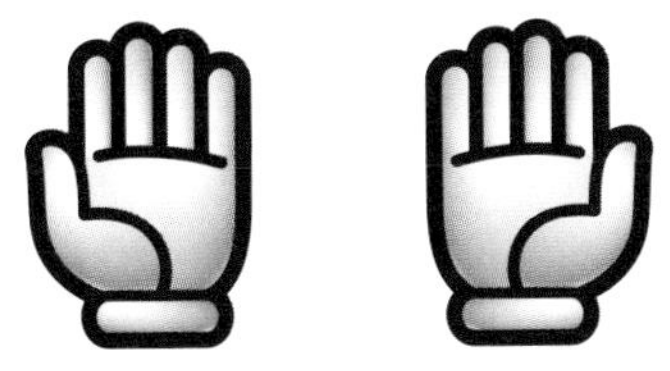

Todos los dedos de las dos manos es una *decena* de dedos.

Es una decena de dedos y nada más. Lo escribimos así:

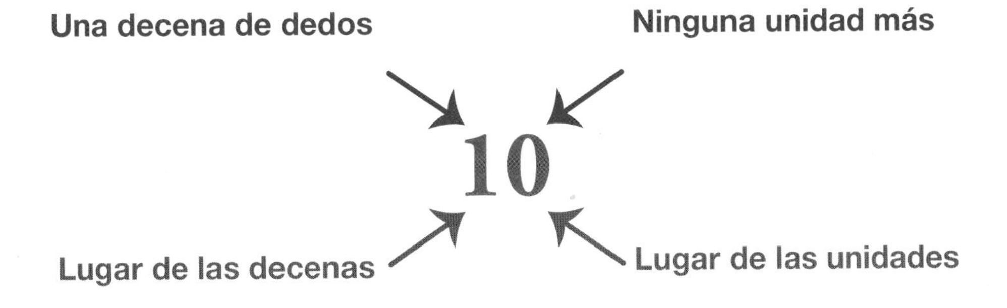

Expresar una cantidad en sistema decimal significa que se agrupa de a diez todo lo que sea posible, se cuentan los montones y los objetos que sobraron sin entrar en ningún montón.

La posición es importante

El pastor tenía 1 decena de vacas y 7 vacas más.

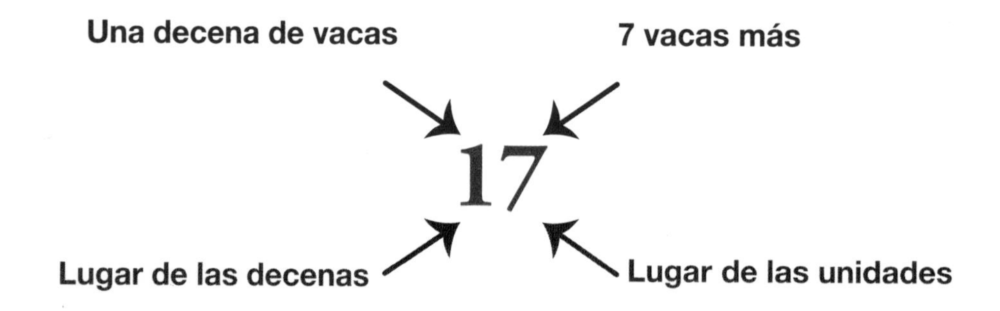

Al momento de anotar las cantidades hay que aclarar bien cuál es la cantidad de decenas y cuál la cantidad de vacas sueltas que sobraron después de armar los montones de a diez. El sistema de numeración decimal que nosotros usamos prevé destinar posiciones para las cifras que lo indiquen.

35	**3 veces todos los dedos de las manos y 5 dedos más**	**3 decenas y 5 unidades más**
91	**9 veces todos los dedos de las manos y 1 dedo más**	**9 decenas y 1 unidad más**
19	**1 vez todos los dedos de las manos y 9 dedos más**	**1 decenas y 9 unidades más**
80	**8 veces todos los dedos de las manos y ninguno más**	**8 decenas y nada más**

Tanto la cantidad de decenas como la cantidad de unidades que sobran se anotan con un dígito. Como se ve, la posición de los dígitos es muy importante. Un mismo dígito, digamos por caso el 5, puede representar diferentes cantidades; sólo dependerá de dónde esté, es decir, en qué posición se halle. Por esto el sistema decimal es **posicional.**

En los números:

95 **351** **1000530** **5901**

El dígito **5** representa respectivamente 5, 50, 500 y 5000.
Esta cuestión de la posición es la que permite que funcionen las cuentas tal como las conocemos.
Avancemos un poco más. Cuando llegamos a completar diez decenas, necesitamos un nombre nuevo: es la **centena.**
Una centena es una decena de decenas. Es decir, si tengo una centena de objetos, tengo 100.

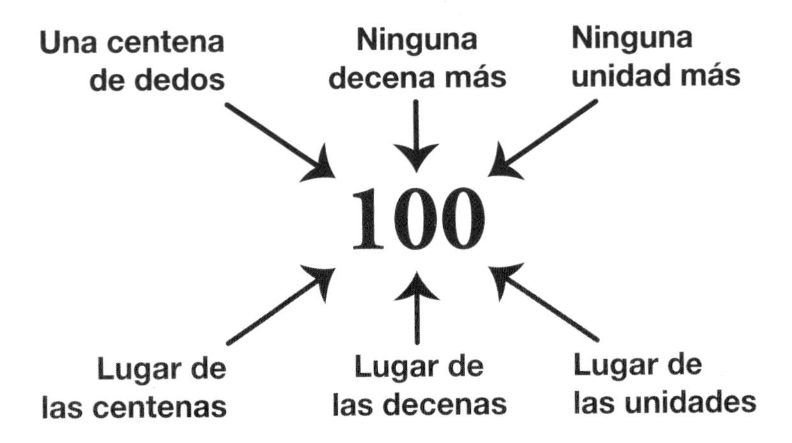

En el sistema de numeración decimal siempre se agrupa de a diez.

→ Una unidad de mil es diez centenas. 1000 = 10 centenas = 10 x 100

→ Una decena de mil es diez unidades de mil. 10 000 = 10 x 1000

→ Una centena de mil es diez decenas de mil. 100 000 = 10 x 10 000

→ Un millón es diez centenas de mil. 1 000 000 = 10 x 100 000, etcétera.

Números cuadrados

Los números según Pitágoras

Desde tiempos remotos la humanidad ha intentado anotar cantidades para recordarlas en otro momento y lo ha hecho de maneras variadas. Haciendo nudos en sogas, marcas en varas, las personas intentaron hacer registros de números para recordarlos pasado el momento, y con el paso del tiempo, fueron surgiendo los sistemas de numeración. Para nosotros, que no hemos vivido esa construcción, no nos resulta simple imaginar un mundo sin el sistema de numeración decimal, es decir, sin los números como los escribimos.

809 **0,5732** **1 000 000**

Para los adultos en especial, que ya olvidamos cómo aprendimos ese sistema de anotar cantidades, resulta siempre engorroso percibir las sofisticadas implicancias de tener, o no tener, un sistema de numeración para escribir números. Más aún, nuestro sistema de numeración es mucho más que una forma de anotar cantidades, es un contenido matemático que atraviesa todo el cálculo. Basta considerar que sin el sistema de numeración que usamos todos los días no podríamos hacer las cuentas de sumar o restar, por decir algo.

Aquí referiré a una cuestión que está a mitad de camino entre anotar cantidades haciendo marcas y nuestro sofisticado sistema de numeración. Pitágoras, matemático griego que vivió entre 572 y 500 antes de Cristo, basó todos sus trabajos matemáticos en el estudio de los números pero no contaba con un sistema de numeración, es decir, no tenía manera de hacer cuentas como las hacemos nosotros y, por supuesto, tampoco calculadora, claro. Pero entonces, ¿cómo es que trabajó en aritmética llegando a cuestiones tan complejas como la existencia de los números irracionales?
Si bien no entraré aquí en detalles técnicos para dar respuesta a esta pregunta, les contaré que él trabajaba los números disponiendo piedritas formando figuras geométricas.

Estas cantidades de piedritas las llamó **números triangulares.**

A estos montones les decía **números cuadrados.**

Y estos grupos los llamó **números pentagonales.**

De esa forma él consideraba números triangulares, rectangulares, etcétera. A estas cantidades nosotros las nombramos con el sistema de numeración decimal, decimos 1, 3, etcétera.

Estos son los primeros números triangulares con su forma decimal de anotarlos.

Números cuadrados del primero al quinto.

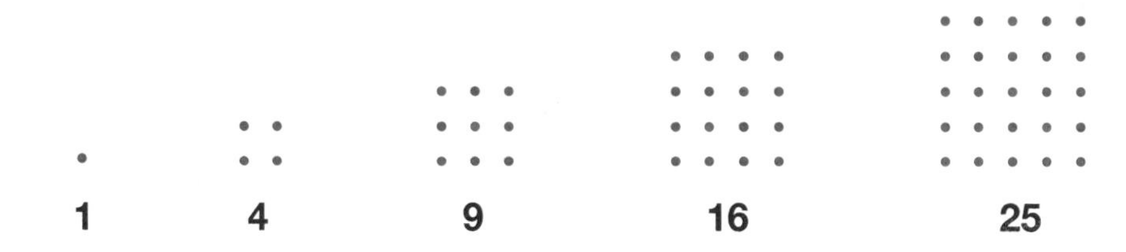

Primeros números pentagonales.

La fuerza de la imagen

Me voy a detener en los números cuadrados de Pitágoras. Estos son números cuadrados de Pitágoras. De izquierda a derecha, el cuadrado de 2, de 5 y de 6.

Nosotros llamamos 4, 25 y 36 a esos números respectivamente. Aunque en nuestros días ya nadie trabaja la aritmética con los números figurados de Pitágoras, los números cuadrados han perdurado en el sentido de que calculamos cuadrados, decimos, por ejemplo, “el cuadrado de 5” y lo escribimos así: 5^2. Sin embargo, me animaría a decir que lo hemos aprendido sin saber que “cinco al cuadrado” tiene su origen en los cuadrados de Pitágoras, y que ese “cuadrado” está inspirado en cuadrados geométricos.

Números cuadrados y el sistema de numeración decimal

Este es el cuadrado de 4.

Nosotros contamos en sistema decimal, es decir, armando montones de a 10. Con todas esas piedritas se puede formar un montón de diez (una decena) y sobran 6 unidades.

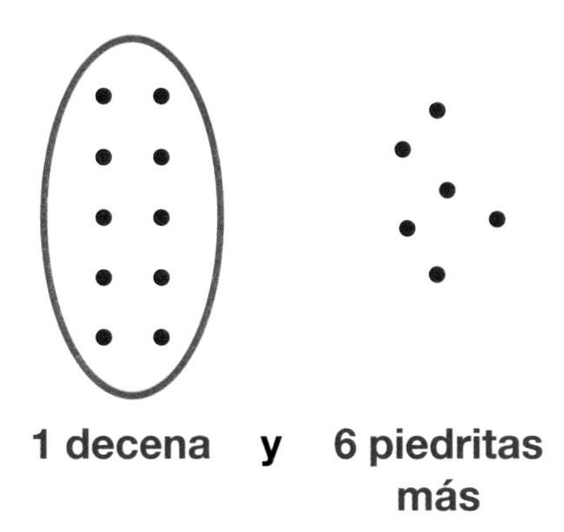

Las piedritas que forman el cuadrado de 4 son: 1 decena de piedritas y 6 piedritas más. Por esto es 16.

Es decir: $4^2 = 16$

La tabla que sigue muestra los cuadrados de los dígitos.

Número	**1**	**2**	**3**	**4**	**5**	**6**	**7**	**8**	**9**
Su cuadrado es	**1**	**4**	**9**	**16**	**25**	**36**	**49**	**64**	**81**

Un cuadrado escrito en sistema decimal

El cuadrado de 13 se anota 13^2. La cantidad de unidades que tiene se puede calcular contando las unidades de a una.

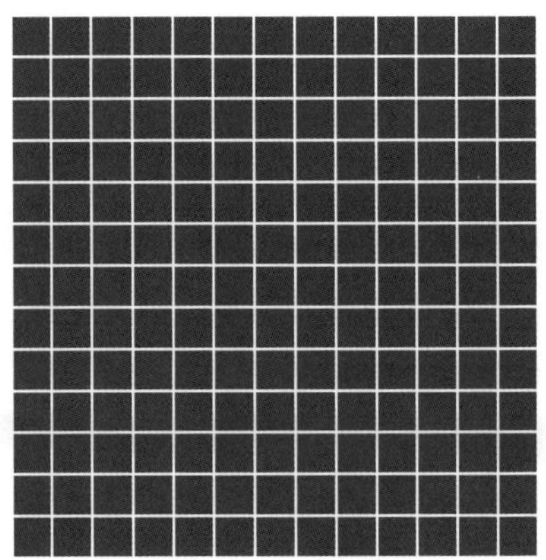

O también sumando por filas:

$$13^2 = 13 + 13 + 13 + 13 + 13 + 13 + 13 + 13 + 13 + 13 + 13 + 13 + 13$$

También se puede calcular con una multiplicación: $\mathbf{13^2 = 13 \times 13}$

Es un cuadrado de 13 unidades de ancho.

Proponemos ahora una manera ingeniosa de calcular 13^2 en nuestro sistema decimal. Calcular en sistema decimal es hacer montoncitos de a diez. Por eso canjeamos diez unidades por una tira (rectangular) que ocupe el mismo lugar (tenga la misma superficie). Canjeamos de a 10 unidades por una decena, todo lo que se pueda.

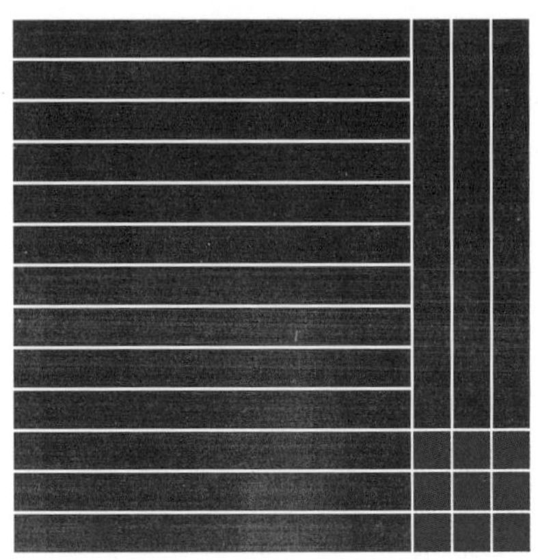

Estos reemplazos nos permiten, con un simple vistazo, saber qué superficie ocupa un cuadrado de lado 13. Este método es mucho más eficaz que el de contar los 169 cuadritos (unidades) que lo forman.
Ahora canjeamos de a 10 decenas por una centena.

El cuadrado de 13

13^2 es 1 centena, 6 decenas
y 9 unidades

$13^2 = 169$

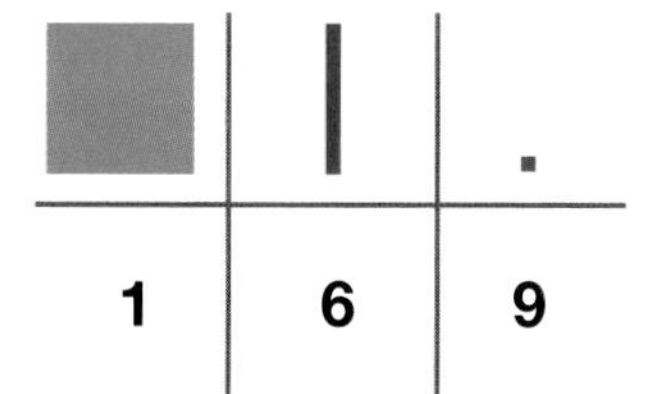

El metro cuadrado

Y hablando de cuadrados, el metro cuadrado es una unidad de medida de superficie. El metro cuadrado es el área de un cuadrado de 1 metro de lado. Metro cuadrado se abrevia m^2.
Es oportuno destacar que una superficie de un metro cuadrado no tiene por qué ser de forma cuadrada.
Por ejemplo, son de 1 metro cuadrado las superficies del rectángulo de 2 metros de largo y medio metro de ancho y la del de 4 metros por un cuarto metro. Ni si quiera es obligatorio que sean rectángulos ni otra forma geométrica con nombre famoso. Una mancha cualquiera puede tener 1 m^2 de superficie, bastará con que ocupe el mismo lugar que el cuadrado de un metro de lado.

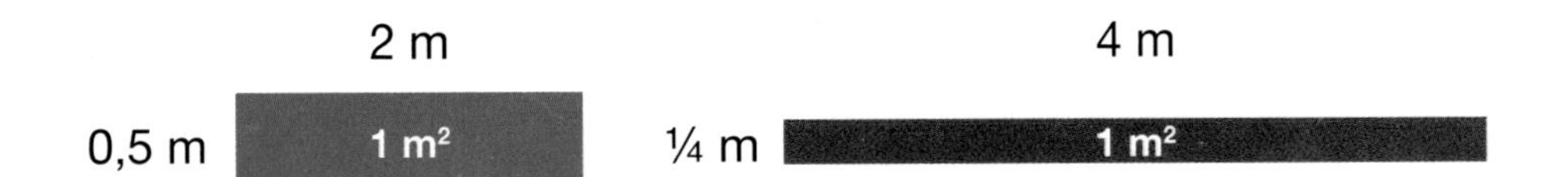

Volvamos al metro cuadrado pensándolo como un cuadrado de 1 metro de lado.

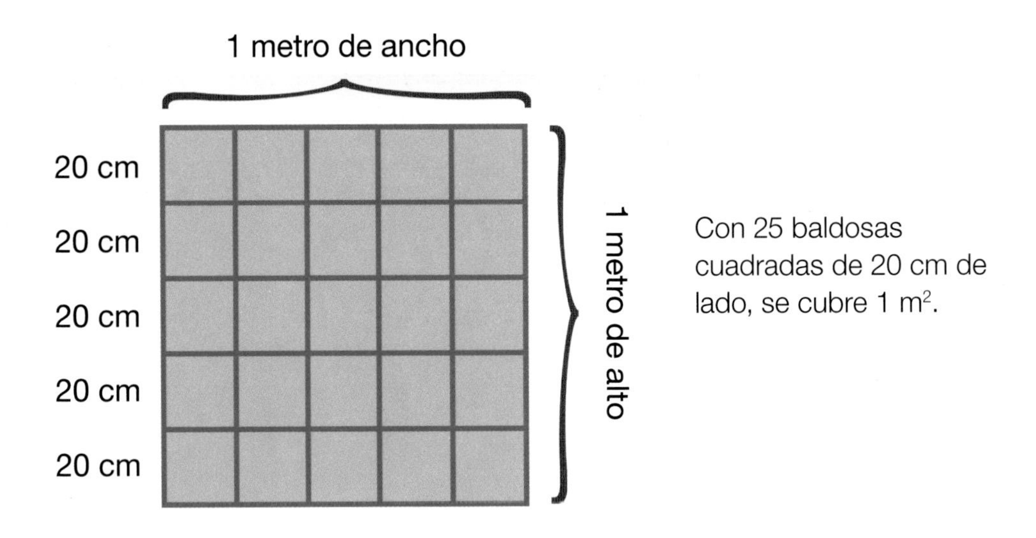

Con 25 baldosas cuadradas de 20 cm de lado, se cubre 1 m^2.

Con 16 baldosas cuadradas de 25 cm de ancho, se cubre 1 m^2.

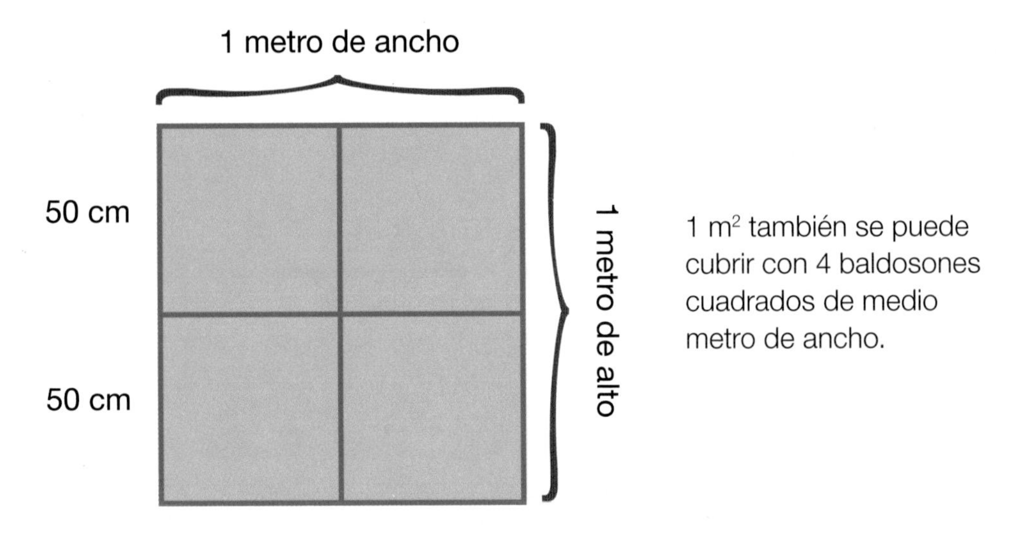

1 m^2 también se puede cubrir con 4 baldosones cuadrados de medio metro de ancho.

Unidades chicas y unidades grandes

Hay superficies grandes y superficies chicas. Para diferentes situaciones hay unidades de medida apropiadas a su tamaño. Por ejemplo, para medir la superficie de un país se usa el kilómetro cuadrado; para la superficie de un botón, el milímetro cuadrado. Es por eso que en el Sistema Métrico Decimal el metro cuadrado tiene múltiplos (unidades más grandes) y submúltiplos (unidades más chicas). Estas unidades derivan de las unidades de longitud, así que recordemos un poco.

Las unidades de longitud en el sistema métrico decimal son el metro, el decímetro, el centímetro, el milímetro, el decámetro, el hectómetro y el kilómetro. Están relacionados entre sí. Sus nombres están construidos con mucho sentido y por eso es importante estar atento a las palabras. Va éste como ejemplo.

dm = decímetro = la décima parte del metro

m	metro
dm	decímetro
cm	centímetro
mm	milímetro
dam	decámetro
hm	hectómetro
km	kilómetro

1 m = 10 dm
1 m = 100 cm
1 m = 1000 mm

10 m = 1 dam
100 m = 1 hm
1000 m = 1 km

Si un decímetro es la décima parte de un metro, es claro que en un metro entran 10 decímetros. En símbolos:

1 m = 10 dm

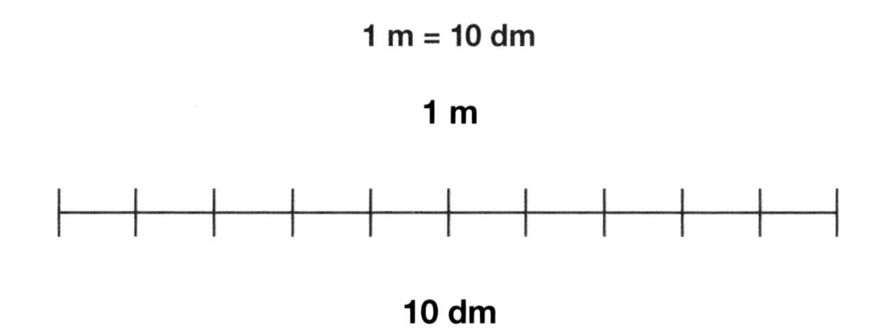

Siguiendo este mismo razonamiento, tenemos:

1 m = 100 cm

1 m = 1000 mm

Un decámetro, equivale a 10 metros, es decir que en un decámetro entran 10 metros.

10 m = 1 dam

Con los otros múltiplos:

100 m = 1 hm

1000 m = 1 km

Las unidades para medir la superficie son las que siguen:

➜ El metro cuadrado (m^2), que es la superficie de un cuadrado de 1 metro de lado.

➜ El decímetro cuadrado (dm^2), que es la superficie de un cuadrado de 1 decímetro de lado.

➜ El centímetro cuadrado (cm^2), que es la superficie de un cuadrado de 1 centímetro de lado.

➜ El milímetro cuadrado (mm^2), que es la superficie de un cuadrado de 1 milímetro de lado.

➜ El decámetro cuadrado (dam^2), que es la superficie de un cuadrado de 1 decámetro de lado.

➜ El hectómetro cuadrado (hm^2), que es la superficie de un cuadrado de 1 hectómetro de lado.

➜ El kilómetro cuadrado (km^2), que es la superficie de un cuadrado de 1 kilómetro de lado.

Todas estas unidades pueden asimilarse a formas cuadradas. Por eso, las equivalencias entre ellas se reducen a calcular números cuadrados. Y se pueden usar los números cuadrados de Pitágoras.

Por ejemplo, como el metro equivale a 10 decímetros, el m^2 es $(10\ dm)^2$. El cuadrado de 10 dm es 100 dm^2.

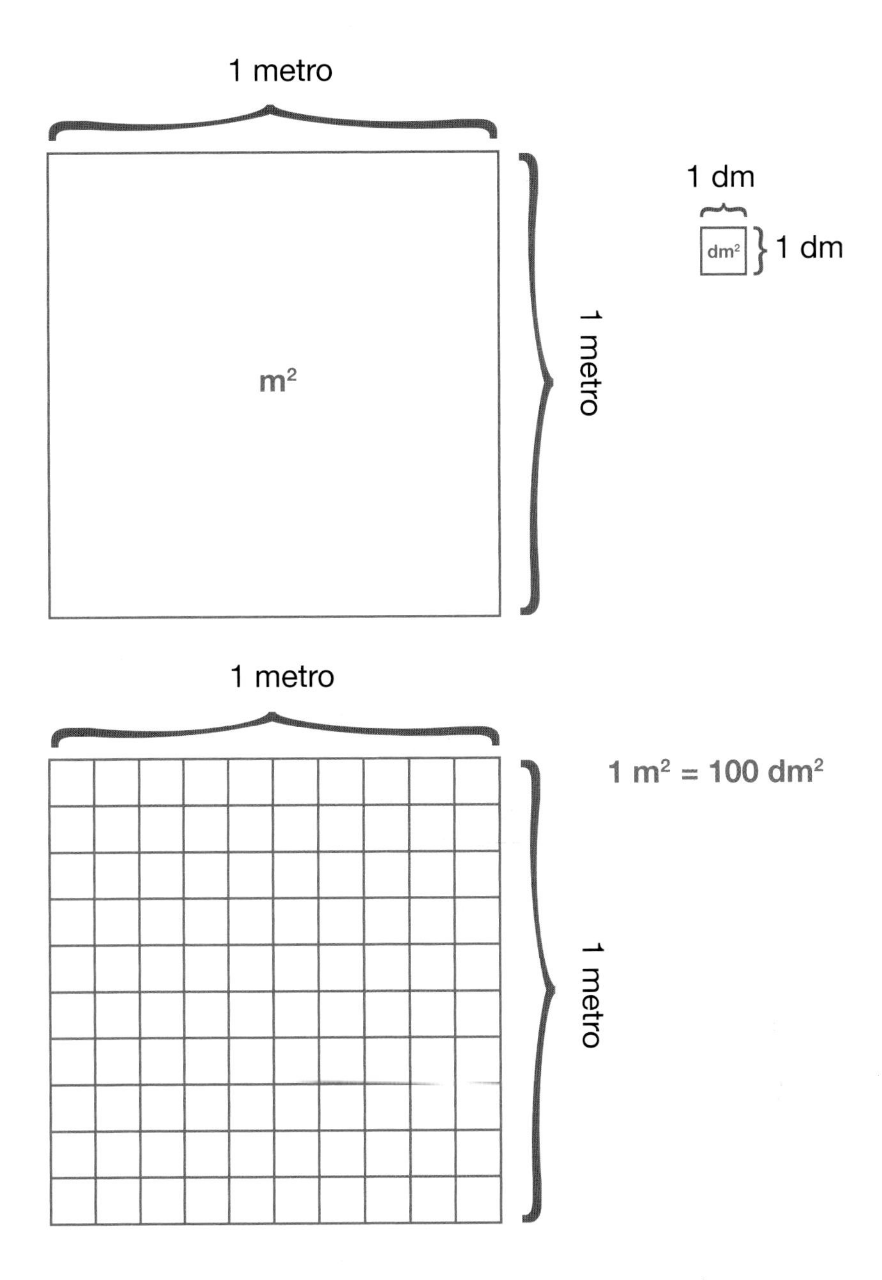

De la misma forma, como un metro equivale a 100 centímetros, un metro cuadrado contiene 10 000 centímetros cuadrados y eso se ve claramente al representar el número cuadrado de lado 100 que es, justamente, 10 000.

La superficie del cuadrado

Y a propósito de cuadrados y de superficie, el consabido problema "¿qué superficie tiene un campo cuadrado de 3 kilómetros de lado?", también remite a los números cuadrados de Pitágoras. Su solución se puede reducir al cálculo del número cuadrado de 3.

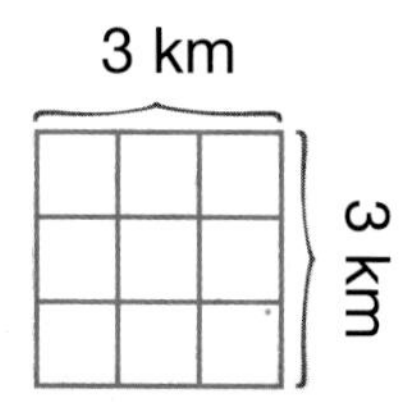

Cada cuadradito es de 1 km de ancho, así que representa 1 kilómetro cuadrado. En el dibujo se advierte que la superficie contiene 9 de estos cuadraditos, o sea la superficie del campo es de 9 km^2.
Un cuadrado de 3 km de ancho tiene una superficie de 9 km^2.

Para los que quieran más, los que siguen son otros ejemplos de superficie de cuadrados.

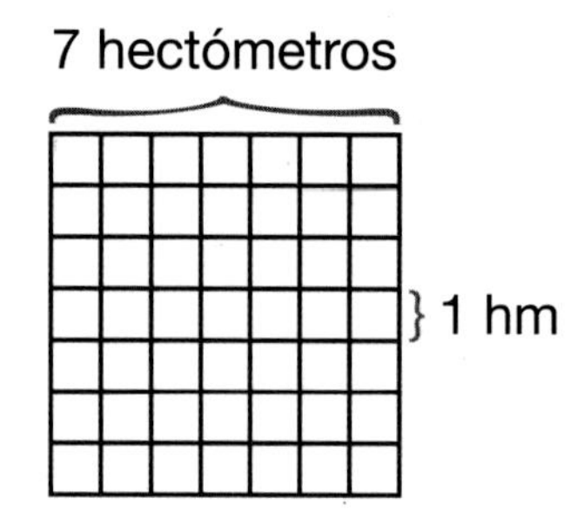

Un campito cuadrado de 7 hectómetros de ancho tiene una superficie de 49 hm^2.

Un cartel cuadrado de 8 decímetros de ancho tiene una superficie de 64 dm^2.

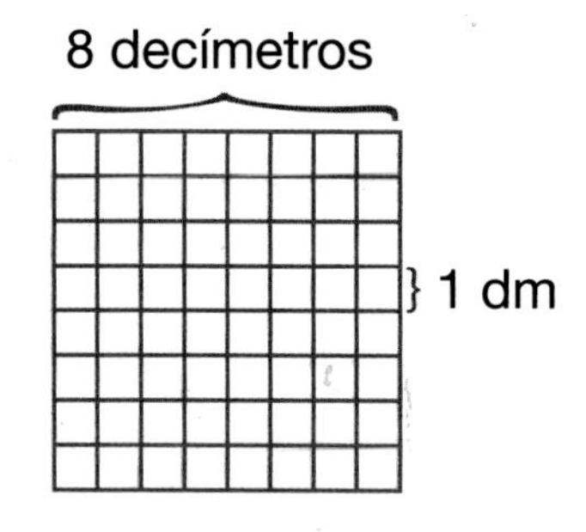

La pulgada cuadrada

Hay otra famosa unidad de superficie: es la **pulgada cuadrada.** Es la superficie que tiene un cuadrado de una pulgada de lado. Para los que no lo tienen presente, una pulgada equivale aproximadamente a dos centímetros y medio.

Pulgada se escribe **in.**

Pulgada cuadrada se escribe **in^2.**

El siguiente es el dibujo de la pulgada cuadrada:

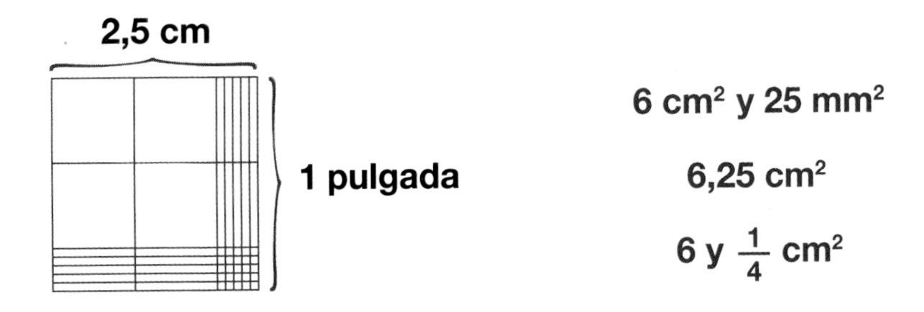

6 cm^2 y 25 mm^2

6,25 cm^2

6 y $\frac{1}{4}$ cm^2

2,5 cm son 2 cm y 5 décimos de cm.

En el dibujo de la pulgada cuadrada los pedacitos son estas cantidades.

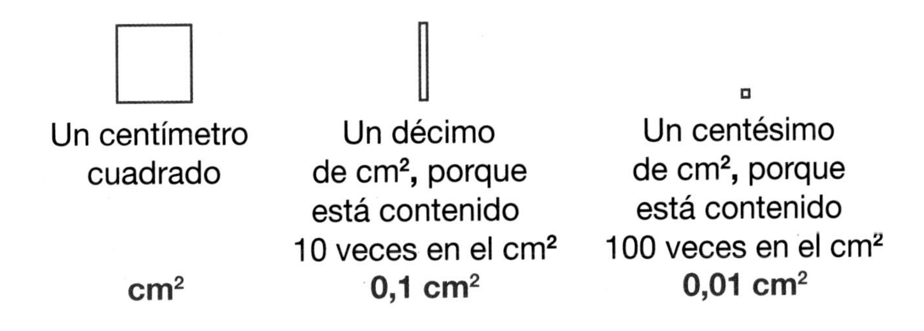

Un centímetro cuadrado	Un décimo de cm^2, porque está contenido 10 veces en el cm^2	Un centésimo de cm^2, porque está contenido 100 veces en el cm^2
cm^2	**0,1 cm^2**	**0,01 cm^2**

Cuadrado de fracciones positivas

Las fracciones positivas, es decir, que no son números negativos, son las que se estudian en casi toda la escuela primaria.

Pitágoras pensó sus números cuadrados para números naturales, es decir, 1, 2, 3, etcétera. De allí que se formen con piedritas, porotos o cualquier otra clase de objetos que se cuentan con números naturales.

Por otro lado, la representación gráfica de números racionales se puede hacer con objetos que se cortan en partes iguales.

Por ejemplo, $\frac{3}{5}$ es fácilmente representable con una barra que se corta en cinco partes iguales y de las cuales se toman tres.

Si el entero es:

$\frac{3}{5}$ es:

Con esa idea, en la figura que sigue se calcula el cuadrado de $\frac{3}{5}$ que es, como sabemos, $\frac{9}{25}$. Partimos de un cuadrado cuyo ancho mide 1.

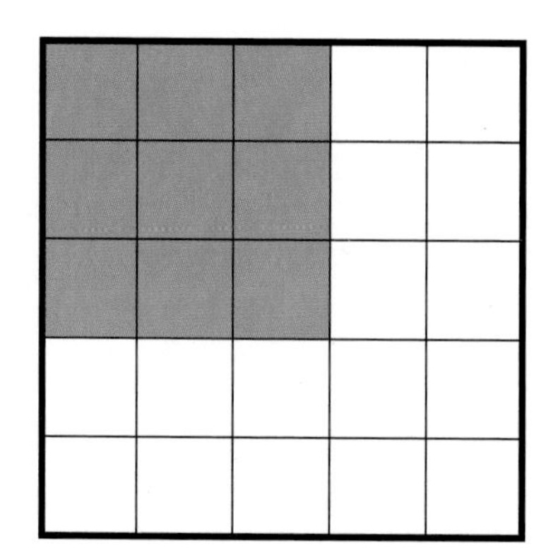

En celeste aparece el cuadrado cuyo lado es $3/5$ del lado del cuadrado grande. El cuadrado celeste contiene 9 pedacitos, cada uno de los cuales está contenido 25 veces en el cuadrado grande.

$$\left(\frac{3}{5}\right)^2 = \frac{3}{5} \times \frac{3}{5} = \frac{9}{25} = \frac{3^2}{5^2}$$

Muchas son las consecuencias que se pueden obtener de esta figura, por ejemplo, si el lado del cuadrado grande fuese de 1 metro, el cuadrado celeste tendría un lado de 60 centímetros, con lo cual el cuadrado celeste, sería el cuadrado de 60 centímetros, que es de 3600 cm^2.

$$\left(\frac{2}{3}\right)^2 = \frac{2}{3} \times \frac{2}{3} = \frac{4}{9}$$

$\frac{2}{3}$

$\frac{2}{3}$ $\frac{4}{9}$

El cuadrado de un binomio

Vamos un poco más allá, calculemos con números que ni siquiera sabemos cuáles son:

Cuando decimos a + b, estamos diciendo "la suma de dos números cualesquiera". A eso llamamos binomio, es decir, la suma de dos números, sean los que fueren.

$(a + b)^2$ es el cuadrado del binomio a + b, es un cuadrado cuyo lado es a + b. Los cuatro lados del cuadrado, que son iguales, son a + b.

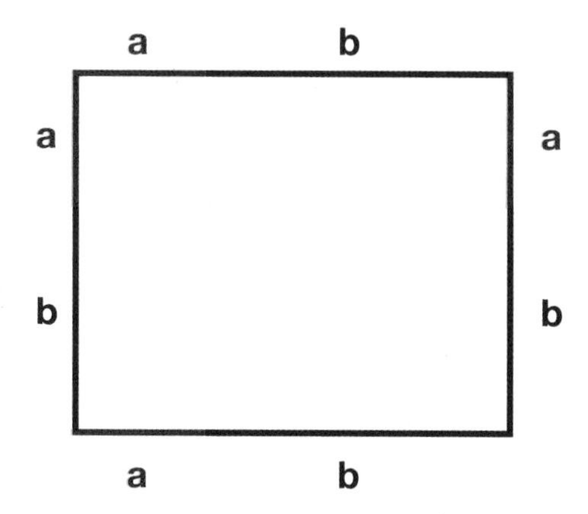

El cuadrado de a + b termina siendo la suma de los cuadrados de a y de b, más dos rectángulos que son, cada uno, el producto de a por b.

	a	b	
a	a^2	a x b	**a**
b	a x b	b^2	**b**
	a	b	

$$(a + b)^2 = (a + b) \times (a + b) = a^2 + 2\,a \cdot b + b^2$$

¿El cuadrado de quién? La raíz cuadrada

Decimos, “el cuadrado de 5”, “el cuadrado de 8”, etcétera. Nos preguntamos cuánto es el cuadrado de 7, o el de 20. Calculamos cuadrados multiplicando un número por sí mismo. El cuadrado de 7, por ejemplo, se calcula como 7 por 7 y es 49.
Ahora cambiaré la pregunta.
¿81 es el cuadrado de cuánto?, ¿con 81 piedritas, qué cuadrado de Pitágoras se puede formar?

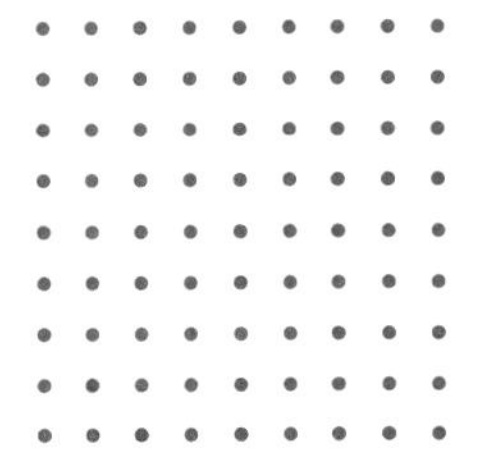

Con 81 piedritas se forma el cuadrado de 9.

Por eso, se dice que 9 es la **raíz cuadrada** de 81. Así de simple es calcular raíces cuadradas. Y se escribe en símbolos así:

$$\sqrt{81} = 9$$

Ya que es tan fácil, calculemos raíces cuadradas.

La raíz cuadrada de 4 es 2.

$\sqrt{4} = 2$ porque con 4 piedritas se puede armar el cuadrado de 2.

La raíz cuadrada de 25 es 5.

$\sqrt{5} = 25$ porque 5 x 5 = 25.

La raíz cuadrada de 36 es 6.

$\sqrt{6} = 36$ porque con 36 piedritas se puede armar el cuadrado de 6.

La raíz cuadrada de cuatro novenos es dos tercios.

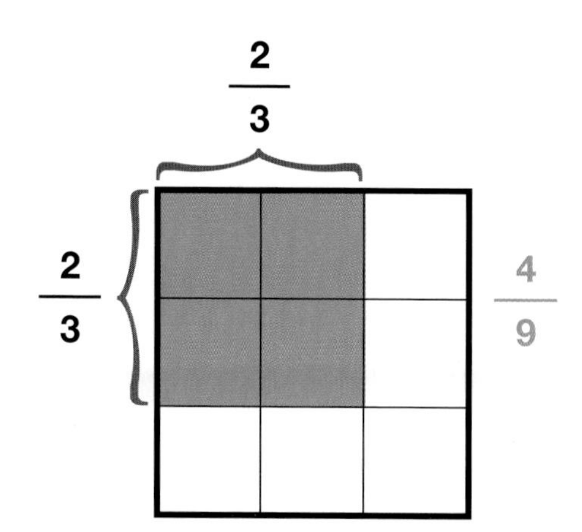

$$\sqrt{\frac{4}{9}} = \frac{2}{3}$$

Con cuatro novenos
se puede armar un cuadrado
de dos tercios de ancho.

$\sqrt{169}$ **= 13** porque $13^2 = 169$

Cómo enseñar a dividir por 2 cifras

Enseñar a dividir por dos cifras es acompañar a los chicos (y a los no tan chicos) a recorrer el camino que hicieron los matemáticos para inventar ese algoritmo. Se trata de entender qué significa para poder reproducirlo usando la propia capacidad de razonar. Si no es así se reduce a aprender *de memoria* un mecanismo, que aunque sea efectivo, para usarlo habría que seguir como un autómata paso por paso sin saber qué se está haciendo; los chicos lo memorizarían (en el mejor de los casos) y pronto lo olvidarían y habría que empezar de nuevo. Razonar es la base del quehacer matemático y de ninguna forma es hacer cosas *porque sí*, porque me lo dijo mi maestra, mi mamá o mi papá. El secreto de saber matemática es usar la propia capacidad de razonar. No es cuestión que mientras le decimos a los chicos "pensá, nene, pensá", no nos percatamos de la

arbitrariedad de aceptar los pasos de la cuenta sin respaldo razonable.
Para empezar, aclaremos que "dividir por dos cifras" es una manera de decir "dividir cuando el divisor es un número de dos cifras".
Enseñar las cuentas de dividir por dos cifras es ayudar a construir ese algoritmo de cálculo paso por paso. Esto no es fácil. El procedimiento de la cuenta es un raro ejemplo de contenido matemático que casi nunca aparece en los libros, no hay dónde encontrar ayuda para enterarse de qué lógica tiene la dichosa cuenta. Pero además, la mayoría de los padres aprendieron de memoria las cuentas de dividir en su propia infancia, es decir, no saben muy bien qué significa.
¿Qué hay realmente en una cuenta de dividir por dos cifras que la hace tan difícil de aprender de una vez y para siempre?
Dividir es algo relativamente simple, es repartir, separar en partes iguales, eso lo sabe hacer hasta un niño de 6 años. Pero dividir es también medir, es decir, calcular cuántas veces entra una cantidad en otra. Para saber cuántos frascos entran en una caja, basta con meter frascos en la caja hasta que no quepan más y listo.
En el caso de los números, 45032 dividido 36 por ejemplo, es calcular cuántas veces 36 entra en 45036. Basta agregar y agregar 36 hasta obtener 45032; la cantidad de veces que sumé 36 será el resultado de la división. Esto lo puede hacer cualquier niño que sepa sumar.
Abreviemos un poco: en lugar de sumar y sumar, podríamos partir de 45032 y restar y restar 36, tantas veces como se pueda hasta que quede una cantidad demasiado pequeña para seguir restando. La cantidad de veces que restamos sería el resultado de la cuenta de dividir. Esto es lo que está en juego en la cuenta y es lo primero que tiene que aprender alguien: restar y restar hasta que no se pueda más y luego contar la cantidad de veces que se restó.

45038 | 36
- 36
44996
- 36

etcétera

Se me dirá que esto es un procedimiento muy largo y tedioso. Es cierto. Por eso, un nene debe empezar a dividir con restas sucesivas cuando es pequeño y los números que manipula son chicos así las restas serán pocas. Si lo hace así, habrá logrado aprender dos cosas importantes:

→ el concepto de dividir, de calcular la cantidad de veces que un número está contenido en otro y

→ que, para no aburrirse, hay que empezar a abreviar restando de a "muchas veces" a la vez, es decir, en vez de restar 36 muchas veces se puede restar por ejemplo:

252 que es **7 veces 36**,

360 que es **10 veces 36**,

3600 que es **100 veces 36** y así.

```
  45038 |_36______
-  3600  100 veces
 ------
  41432
```

etcétera

Una vez que los niños se familiarizan con la idea de ir sacando un número de otro y hasta aceptaron el truco de restar de a muchas veces a la vez, es el momento de hacer un trabajo más organizado. Tenemos esta cuenta:

```
45038 |_36____
```

Nos abocaremos a encontrar la manera más práctica y breve de calcular cuántas veces se puede restar 36 de 45 038. Tengamos a la vista las cantidades.

1 vez 36 es **36**
2 veces 36 es **72**
3 veces 36 es **108**
4 veces 36 es **144**
5 veces 36 es **180**
6 veces 36 es **216**
7 veces 36 es **252**
8 veces 36 es **288**
9 veces 36 es **324**

Estas son cantidades pequeñas respecto de 45 038, así que estimemos con cantidades más grandes.

10 veces 36 es **360**
100 veces 36 es **3600**
1000 veces 36 es **36000**
10000 veces 36 es **360000**

Mirando los cálculos parece que la cantidad que buscamos es un número entre 1000 y 10 000. Pero, ¿cuál será esa cantidad?

Aprovechando la tabla que ya construimos, con solo agregar ceros, obtenemos éstas:

10 veces 36 es **360**	**100** veces 36 es **3600**	**1000** veces 36 es **36000**
20 veces 36 es **720**	**200** veces 36 es **7200**	**2000** veces 36 es **72000**
30 veces 36 es **1080**	**300** veces 36 es **10800**	**3000** veces 36 es **108000**
40 veces 36 es **1440**	**400** veces 36 es **14400**	**4000** veces 36 es **144000**
50 veces 36 es **1800**	**500** veces 36 es **18000**	**5000** veces 36 es **180000**
60 veces 36 es **2160**	**600** veces 36 es **21600**	**6000** veces 36 es **216000**
70 veces 36 es **2520**	**700** veces 36 es **25200**	**7000** veces 36 es **252000**
80 veces 36 es **2880**	**800** veces 36 es **28800**	**8000** veces 36 es **288000**
90 veces 36 es **3240**	**900** veces 36 es **32400**	**9000** veces 36 es **324000**

Seleccionando de estas listas podemos armar el siguiente cálculo:

```
  45038 | 36
- 36000   1000
  -----
   9038
-  7200    200
  -----
   1838 +
-  1800     50
  -----
     38
-    36      1
  -----   ----
      2   1251
```

Con mucha práctica, es posible obviar algunos pasos, por ejemplo, hay unos cuantos ceros que podemos pensar mentalmente sin escribirlos (o por lo menos eso es lo que hicieron los matemáticos cansados de hacer cuentas y escribir ceros). Me refiero a los que están resaltados en amarillo.

```
  45038 | 36
- 36000   1000
  -----
   9038
-  7200    200
  -----
   1838 +
-  1800     50
  -----
     38
-    36      1
  -----   ----
      2   1251
```

Saquemos esos ceros si ya estamos tan cancheros que no hace falta escribirlos.

```
  45038 |36
- 36000   1
 ------
   9038
-  7200     2
 ------
   1838 +
-  1800       5
 ------
     38
-    36         1
 ------   -----
      2   1251
```

Si podemos hacer mentalmente las restas y no necesitamos escribir los números que se restan, la cuenta queda un poco más corta. Confiemos en nuestra capacidad para "guardar números en la memoria" y saquémoslos de la cuenta. Así pensaron los que inventaron la cuenta, que parece que eran rapidísimos para calcular y memorizar números.

```
  45038 |36
-  90     1
   283  + 2
     38     5
      2       1
          -----
          1251
```

Si ya estamos completamente acostumbrados a hacer esto, sabemos antes de escribir los números que vamos a poner y nos cansamos de escribir tanto, la suma que aparece en el cociente la podemos hacer en un solo renglón.

```
45038 |_36_
- 90    1251
  283
   38
    2
    0
```

Quiero decir, si usted es un genio esta cuenta se puede hacer directamente con los cálculos mentales, es decir, calcular mentalmente la cantidad de veces, multiplicar mentalmente para no escribir las tablas y hasta restar números de varias cifras sin tenerlos escritos.

Esta es la cuenta de dividir por dos cifras que conocemos. Se me dirá que toda esta explicación es larga y complicada. Es cierto. Tan cierto que prefiero pensar que ahorrarla pudo haber sido la motivación que inspiró a generaciones de maestros a enseñarla de memoria. Pero no me parece que esa excusa alcance.

Hay dos caminos para que un niño aprenda las cuentas de dividir: aprenderlas trabajosamente de memoria (y olvidarlo rápidamente) o construirlas hasta resolverlas sabiendo lo que hace. La verdad que aprendí en las aulas es que chicos de todas las edades aprenden mejor y más rápido cuando disponen de toda la explicación que ante el desafío de aprender de memoria un procedimiento vacío. Es más, de memoria pueden (a veces) aprender a hacer cuentas de dividir por dos cifras mientras que puestos a deducir todo el recorrido aprenden (con seguridad) una parte de la matemática que va más allá de la cuenta.

```
  5315  |_26___
- 5200    200
  ----  +   4
   115   -----
-  104    204
  ----
    11
     0
```

1 x 26	**26**	10 x 26	**260**	100 x 26	**2600**
2 x 26	**52**	20 x 26	**520**	200 x 26	**5200**
3 x 26	**78**	30 x 26	**780**	300 x 26	**7800**
4 x 26	**104**	40 x 26	**1040**	400 x 26	**10400**
5 x 26	**130**	50 x 26	**1300**	500 x 26	**13000**
6 x 26	**156**	60 x 26	**1560**	600 x 26	**15600**
7 x 26	**182**	70 x 26	**1820**	700 x 26	**18200**
8 x 26	**208**	80 x 26	**2080**	800 x 26	**20800**
9 x 26	**234**	90 x 26	**2340**	900 x 26	**23400**

Algunos temas por orden alfabético

Centena. Cien

Podría pensarse que aprender la centena es saber contar hasta cien. Sin embargo la centena es un objeto matemático mucho más complejo que eso. ¿Qué significa que hay cien?, ¿qué significa que hay cien piedritas, por ejemplo? Es algo así:

Lo más natural es contar con los dedos. Todos los niños hacen eso y está bien que así sea. Tan es así que nuestro sistema de numeración es decimal, porque decimal, diez, viene de dedos, aludiendo a la cantidad de dedos de las manos.

Como tengo muchas piedritas, y cuento con los dedos, hago montones de tantas piedritas como dedos tengo en las dos manos, es decir, diez. Cada montón tiene diez. Cada montón tiene una decena de piedritas.

Agoto las piedritas y obtengo muchos montones y no sobra ninguna piedrita.

Paso a contar los montones.

Tengo exactamente tantos montones como dedos de las manos, es decir diez. Una decena de decenas y no sobra ninguna piedrita. A eso lo llamo centena.

Analicemos la escritura matemática de la centena, es decir, cómo se anota **cien** en el sistema de numeración decimal. Cien piedritas es un montón de diez montones de diez, y nada más. Cien se escribe así:

Una centena y nada más

Un montón de diez montones de diez, **ningún** montón de diez
y **ninguna** piedrita suelta

1 montón de diez montones de diez, **0** montones de diez
y **0** piedritas sueltas

1 centena, **0** decenas y **0** unidades

100

Seguramente esto parece bastante complejo de leer y de decir. Y lo es. Nuestro sistema de numeración es bien sofisticado. Por eso es muy arriesgado pensar que, porque un chico cuenta hasta cien, ha comprendido la centena.

Coseno

El coseno de un ángulo es un número que caracteriza al ángulo.

Los ángulos, como todo el mundo sabe, se miden en grados, minutos y segundos con una herramienta que se llama *transportador*. Sin embargo, los matemáticos a veces miden los ángulos con el coseno. Para hacer eso usaremos el cosenímetro[1].

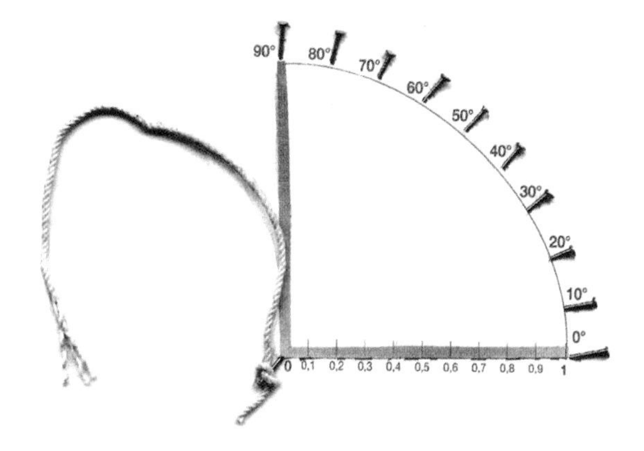

Cuando querés medir el coseno de un ángulo, pasás el hilo marcando el ángulo en grados. Después ponés el hilo tirante como indica la figura que sigue y ¡ya está!... la regla horizontal te dice el coseno de ese ángulo.

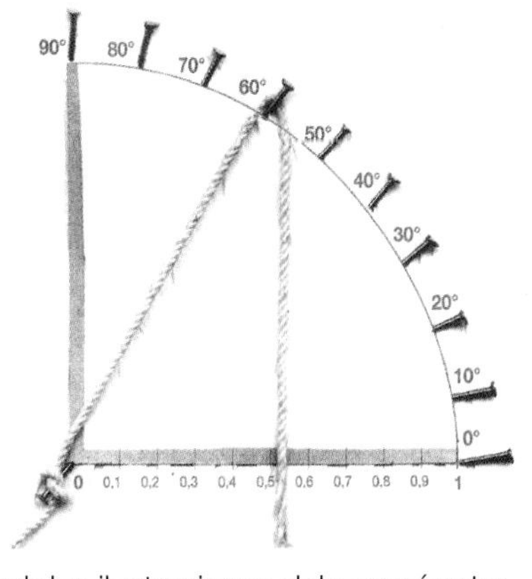

1 Agradezco a Istvanch las ilustraciones del cosenímetro.

Decena. Diez

Es oportuno recordar que la palabra diez viene de la palabra dedos. Es que las personas, desde tiempos remotos, han usado los dedos de sus manos para contar.

Desde este punto de vista, *diez* se podría traducir como "tanto como todos los dedos de las manos". Por eso, diez dedos es una decena de dedos.

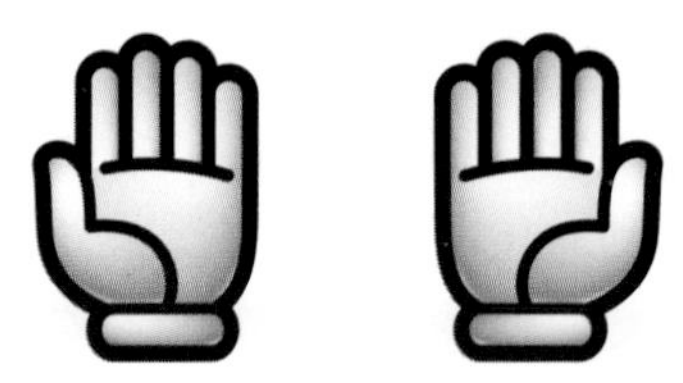

Al contar los dedos de las dos manos haciendo montones de a diez es:

diez se escribe 10

Como se ve en este análisis, conocer la decena es mucho más que saber contar hasta diez.

División y división entera

La cuenta de dividir, tal como la conocemos, es un procedimiento para calcular una **división entera** y **no una división**. Esto puede parecer un trabalenguas y, la verdad, es una pena que "división" y "división entera", suenen casi igual y sean matemáticamente tan distintas.

¿Cuántas semanas hay en 100 días?

Corto 1 metro de cinta en 7 pedacitos iguales.
¿Cuántos centímetros mide cada uno?

En ambos problemas la solución consiste en calcular una división. Sin embargo, los resultados y aún las operaciones son diferentes. Veamos las soluciones.

¿Cuántas semanas hay en 100 días?

$$\begin{array}{r|l} 100 & \underline{7\quad} \\ 30 & 14 \\ 2 & \end{array}$$

Con 100 días se pueden juntar 14 semanas y sobran 2 días.
Lo que estamos diciendo es que 14 es la cantidad máxima de grupos de 7 días que se pueden armar con 100.

Esta operación aritmética se llama **división entera.** En la división entera obtenemos como resultado dos números: uno llamado cociente y otro, resto.

dividendo → 100, divisor → 7

$$100 \div 7 = (14 \; ; \; 2)$$

cociente → 14, resto → 2

Al calcular la división entera entre 100 y 7, obtenemos el número que, multiplicado por 7, dé lo más cerca de 100, sin pasarlo.

$$14 \times 7 + 2 = 100$$

y, además, 2 es menor que 7 y mayor o igual que 0.

En general, la división entera se define así:

$$a \div b = (c \; ; \; r)$$
$$c \times b + r = a$$
$$0 < r < b$$

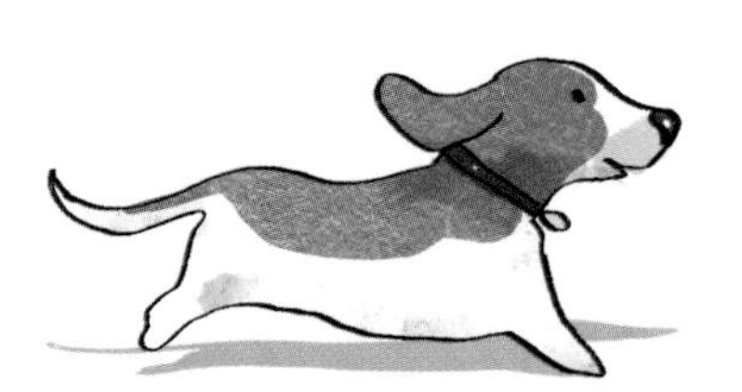

Corto 1 metro de cinta en 7 pedacitos iguales. ¿Cuántos centímetros mide cada uno?

1 metro son 100 centímetros que, al cortar en 7 partes iguales, dividimos 100 dividido 7. Estamos calculando un número que multiplicado por 7 dé por resultado 100.

$$100 : 7 = \frac{100}{7}$$

Esta operación aritmética se llama **división.** Es la operación inversa de la multiplicación.

Divisible

La división entera siempre se puede resolver. No así la división (Ver división y división entera). Por ejemplo:

28 : 7 = 4 porque **4 x 7 = 28**

Hay cálculos de división que no tienen resultado. Por ejemplo, si se trata de 28 : 6, no hay ningún número entero que multiplicado por 6 dé por resultado 28. Por esta razón se vuelven especiales las divisiones que sí tienen resultado. Veamos un ejemplo.

18 : 1 = 18	**18 : 2 = 9**	**18 : 3 = 6**	**18 : 4 =**	**18 : 5 =**	**18 : 6 = 3**
18 : 7 =	**18 : 8 =**	**18 : 9 = 2**	**18 : 10 =**	**18 : 11=**	**18 : 12=**
18 : 13 =	**18 : 14=**	**18 : 15 =**	**18 : 16 =**	**18 : 17 =**	**18 . 18 = 1**

Como se aprecia en la tabla, 18 sólo se puede dividir por 1, 2, 3, 6, 9 y 18, si de números Naturales se trata. Por eso se dice que:

1, 2, 3, 6, 9 y **18** son **divisores** de **18**

Y también que:

18 es **divisible** por **1, 2, 3, 6, 9** y **18**

Ecuación

Es una igualdad condicionada al valor de sus letras. Por ejemplo:

La igualdad

$$x + 5 = 8$$

es cierta solo si x vale 3, porque 3 más 5, efectivamente es igual a 8. Pero si x no vale 5, x + 5 = 8 no es cierto.
Por eso, x + 5 = 8 es una ecuación, es decir, es una igualdad siempre y cuando x valga 3. Es una igualdad condicionada al valor que tome x.

La igualdad **a + b = 10** es cierta:

si	**a** vale 2	y	**b** vale 8;	si	**a** vale 0	y	**b** vale 10;
si	**a** vale 5	y	**b** vale 5;	si	**a** vale 4	y	**b** vale 6;
si	**a** vale 6	y	**b** vale 4;	si	**a** vale 17	y	**b** vale – 7;
si	**a** vale $\frac{1}{2}$	y	**b** vale 9,5;	etcétera.			

Hay infinitos valores para **a** y sus correspondientes valores de **b** para que esa igualdad sea verdadera. Pero ¡cuidado! No cualquier valor de **a** y de **b** hacen **a + b = 10** una igualdad, por ejemplo, si **a** vale 30 y **b** vale 40, al sumarlos no da 10. Por eso, **a + b = 10** es una ecuación por ser una igualdad condicionada a los valores que tomen sus letras.
Pero hay otras igualdades que se cumplen para cualquier valor de sus letras, por ejemplo:

$$x + y = y + x$$

$$3 + x = x + 2 + 1$$

$$m^2 . n^2 = (m . n)^2$$

Las igualdades que se cumplen para cualquier valor de sus letras se llaman identidades.

→ Las ecuaciones enuncian problemas.

→ Las identidades enuncian leyes (propiedades).

- Resolver una ecuación es encontrar los valores de sus letras que hacen de ella una igualdad.

- Demostrar una identidad es probar, con un teorema, que es cierta para todos los valores de sus letras.

Inecuación

Es una desigualdad condicionada al valor de sus letras. Por ejemplo:

La desigualdad

$$\mathbf{x + 5 > 8}$$

es cierta si x vale 4, 5, 6, 7, etcétera, como también si x vale 3,5; 3,71; 25,46, etcétera. Pero si x vale, por decir un ejemplo, 0, $x + 5$ no es mayor que 8.
Por eso $x + 5 > 8$ es una inecuación, es decir, es una desigualdad que es cierta para algunos valores de su letra x y no es cierta para otros. Es una desigualdad condicionada al valor que tome x.
Cómo se encuentran esos valores es otra cuestión.
Otros ejemplo de inecuaciones:

$$\mathbf{28 < x + y}$$
$$\mathbf{2x + x^2 \leq 45 - 8}$$
$$\mathbf{x + 2x + 100 \leq 43}$$

Resolver una inecuación es encontrar los valores de sus letras que la hacen cierta.

Logaritmo

Los logaritmos son exponentes.

¿Qué exponente le tengo que poner a 2 para que el resultado sea 32?

$$2^{?} = 32$$

La respuesta es 5 porque:

$$2^{5} = 32$$

Por eso, el exponente que hay que ponerle a 2 para quedé 32 es 5. Esto se escribe así:

$$\exp_2 32 = 5$$

Otra manera de decir esto es: “el logaritmo en base 2 de 32 es 5”. Y se escribe así:

$$\log_2 32 = 5$$

Más ejemplos:

$$\log_7 49 = 2$$

El exponente al que hay que elevar 7 para que el resultado sea 49, es 2.

$$\log_{0,5} 4 = -2$$

El exponente al que hay que elevar 0,5 para que el resultado sea 4, es -2.

Medir. Medida

¿Qué es lo que se mide? Cuando decimos que Matías mide *un metro veinte* nos referimos a su altura, que es una **longitud**; cuando hablamos del campo que tiene *treinta hectáreas*, nos referimos a la medida de su **superficie**, es decir, medimos propiedades de los objetos físicos.

Esas propiedades de los objetos como la superficie, la longitud, el volumen, el tiempo, la temperatura, etcétera, se llaman **magnitudes.** Cada magnitud se puede considerar un conjunto de cantidades, por ejemplo, la magnitud temperatura es el conjunto de todas las temperaturas posibles, la del ambiente hoy a la mañana, la del cuerpo de Mara que tiene fiebre, la del agua de la pava cuando hierve, etcétera.

Dos cantidades de la misma magnitud se pueden comparar, por ejemplo, el largo de la vereda y el largo de una soga. Si el largo de la soga entra exactamente 3 veces en el largo de la vereda, decimos que:

la vereda medida con la soga mide 3

Y también que:
la vereda es 3 veces más larga que la soga.

Esto es una división:

$$\frac{\textbf{largo de la vereda}}{\textbf{largo de la soga}} = \mathbf{3}$$

Por eso, medir es dividir lo que queremos medir (la vereda) por una unidad (la soga).
Esto significa que **largo de la vereda = 3 largo de la soga**
Como **largo de la vereda** equivale a **3 largo de la soga**, decimos que:
3 largo de la soga es el valor del **largo de la vereda** y que **3** es la medida del **largo de la vereda**
La medida es siempre un número.

Múltiplo

Un número es múltiplo de otro, por ejemplo, 27 es múltiplo de 3 porque la cuenta:

```
27 |_3___
 0   9
```

tiene resto 0.

Dicho de otra forma, 27 es múltiplo de 3 porque 3 es divisor de 27 (Ver divisor).
También se puede decir así:

27 es múltiplo de 3 porque 9 x 3 = 27

Otro ejemplo:

27 es múltiplo de 27 porque 1 x 27 = 27
27 es múltiplo de 1 porque 27 x 1 = 27

27 no es múltiplo de 5 porque no existe ningún número natural que multiplicado por 5 dé por resultado 27.

Pi. El número π

Haga la siguiente prueba casera. Calque el borde de un plato de cocina (o cualquier otro objeto chato y redondo) en una hoja lisa.

Corte un piolín del ancho de la circunferencia que dibujó, que tendrá el largo del diámetro.

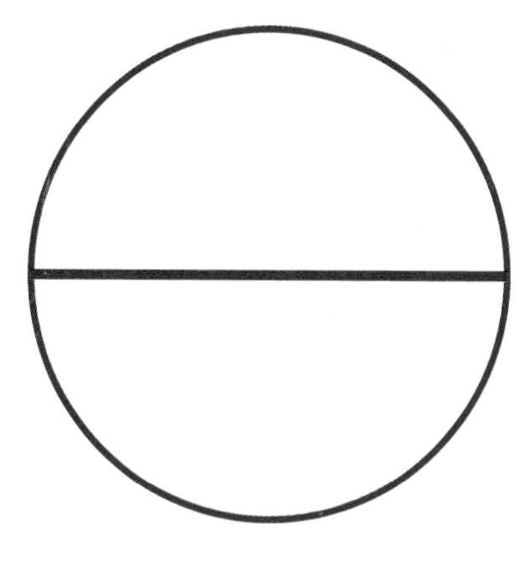

Haga una marquita en un lugar cualquiera de la circunferencia. A partir de la marca superponga el hilo sobre la circunferencia.

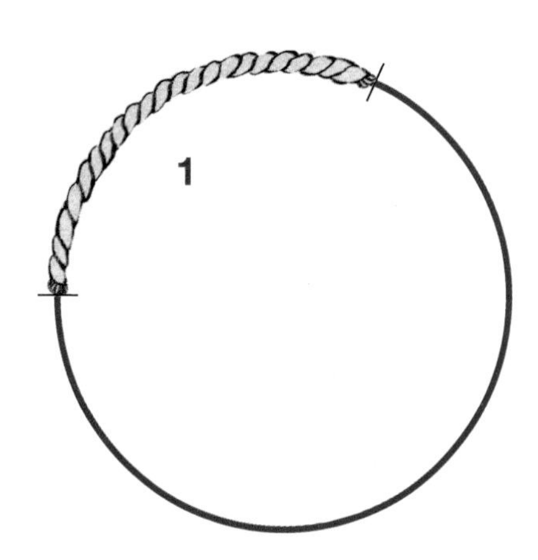

Repita el procedimiento hasta ver cuántas veces el diámetro está contenido en la circunferencia.

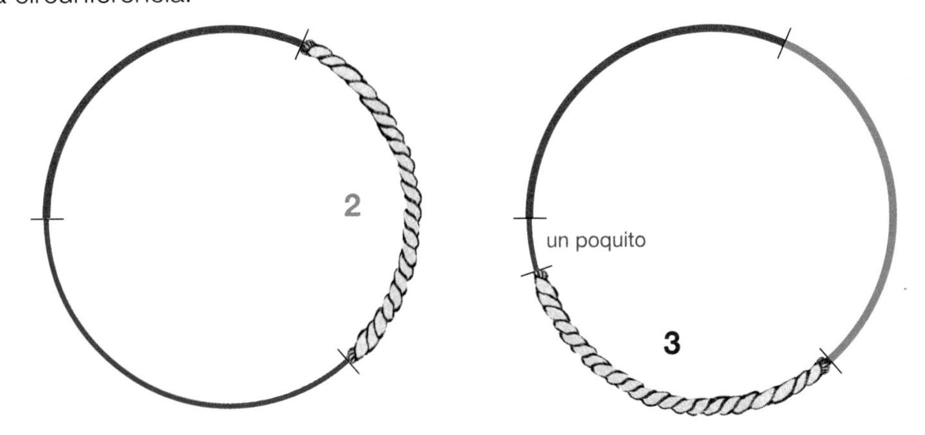

El diámetro está contenido en la circunferencia 3 veces y un poquito. Esto pasa en todas las circunferencias, ya sean grandes o chicas. Este número es uno de los más famosos de la matemática. Como tiene tantas cifras decimales que no es posible escribirlo completo, los matemáticos lo han llamado con el nombre de una letra griega: el número π.

π es 3 veces y un poquito

π es aproximadamente 3,14

Como el diámetro está contenido en su circunferencia π veces, entonces:

La longitud de la circunferencia = π x diámetro

Y como el diámetro es el doble del radio

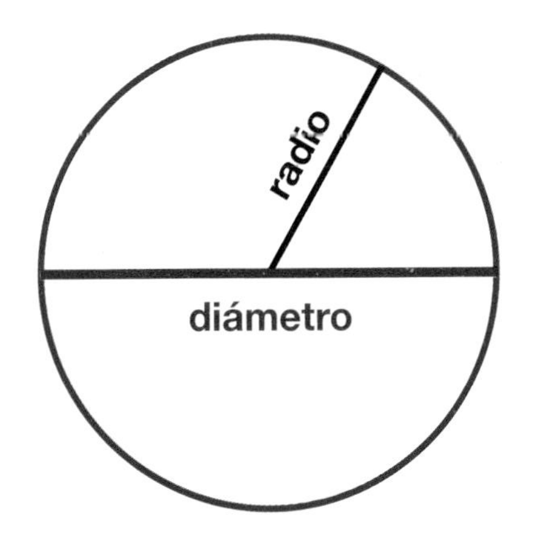

La longitud de la circunferencia = 2 π x radio

La circunferencia es una línea y el círculo es una superficie.

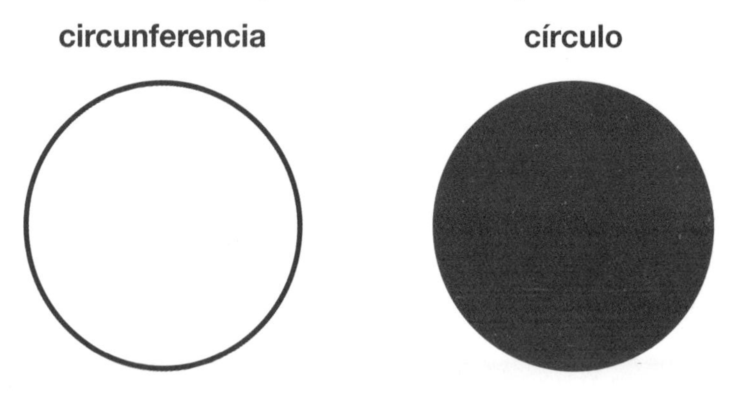

Para medir la superficie hay que tomar como unidad de medida otra superficie. Tomemos como unidad el cuadrado cuyo lado es el radio.

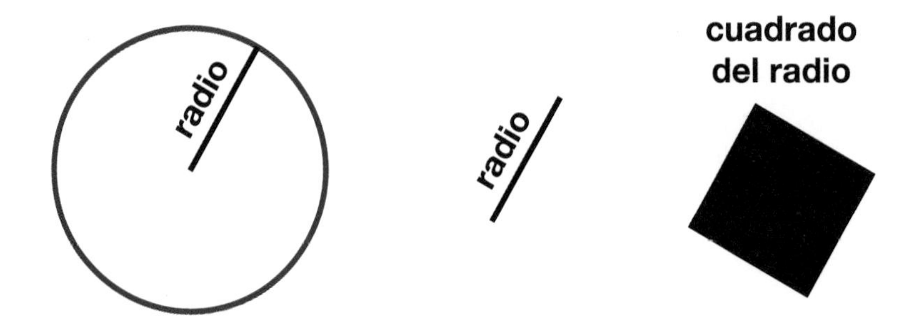

¿Cuántas veces el cuadrado del radio está contenido en el círculo?
Entre 3 y 4 veces. Usted no me va a creer pero sí, está contenido 3 veces y un cachito, justo el número π.

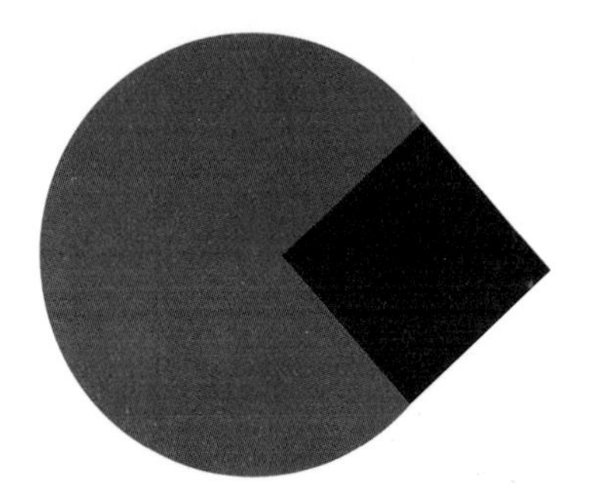

El cuadrado del radio está contenido π veces en la superficie del círculo

La superficie del círculo = $\pi \times r^2$

Suma de fracciones

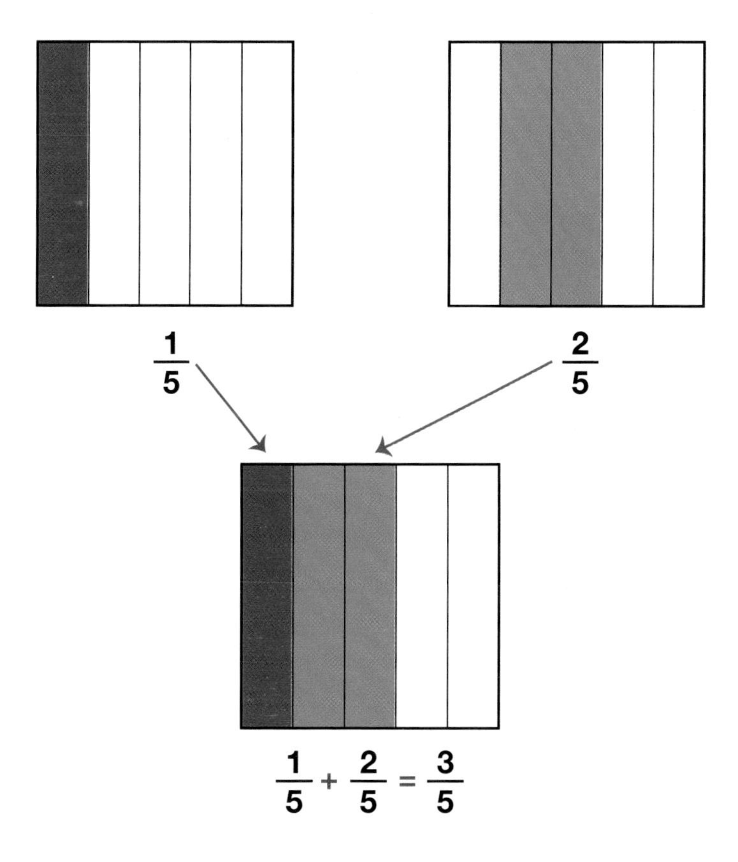

$$\frac{1}{5} + \frac{2}{5} = \frac{3}{5}$$

Pero el asunto se complica si las fracciones no tienen el mismo denominador.

Veamos por qué.

$$\frac{3}{5} + \frac{2}{7}$$

Veamos de qué cantidades se trata.

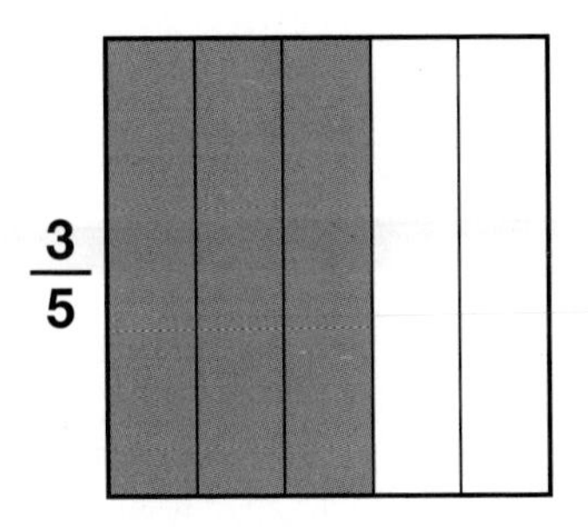

Como los pedacitos no son del mismo tamaño, los cortamos. Los quintos los partimos en 7 partes iguales y los séptimos los cortamos en 5 partes iguales así:

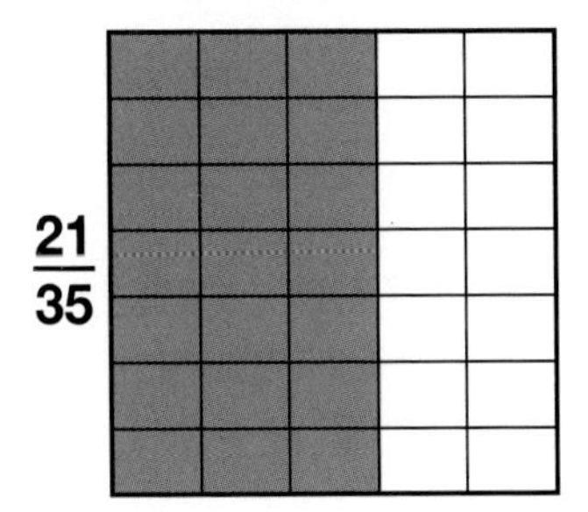

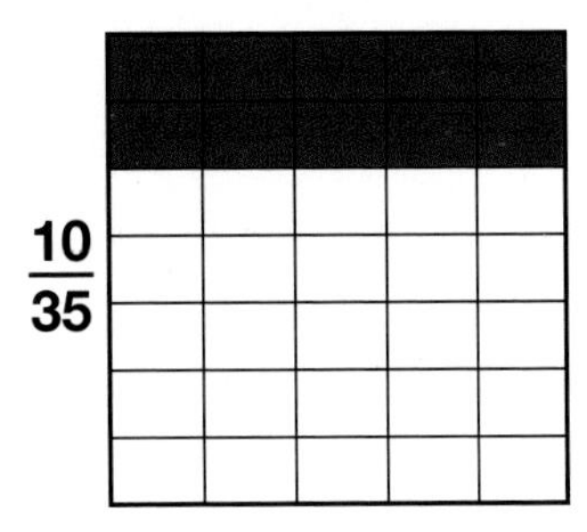

Ahora son todos del mismo tamaño y son treinta y cinco avos. Para sumar los juntamos todos.

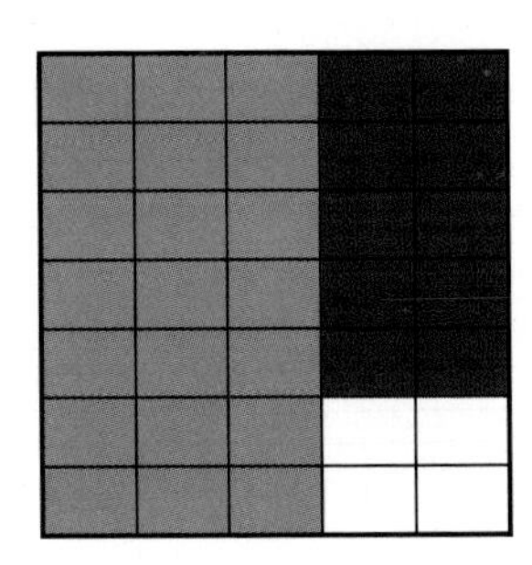

$$\frac{21}{35} + \frac{10}{35} = \frac{31}{35}$$

Teorema de Pitágoras

El teorema de Pitágoras se ocupa, básicamente, de cuadrados. Aunque esto es una obviedad, muchos creen que se trata de triángulos cuando el verdadero núcleo son los cuadrados. Aquí aparecen varios cuadrados.

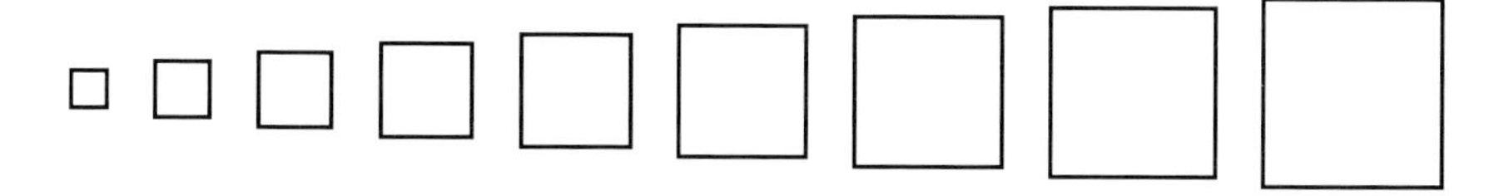

Hay tres de ellos que son especiales y aparecen coloreados a continuación.

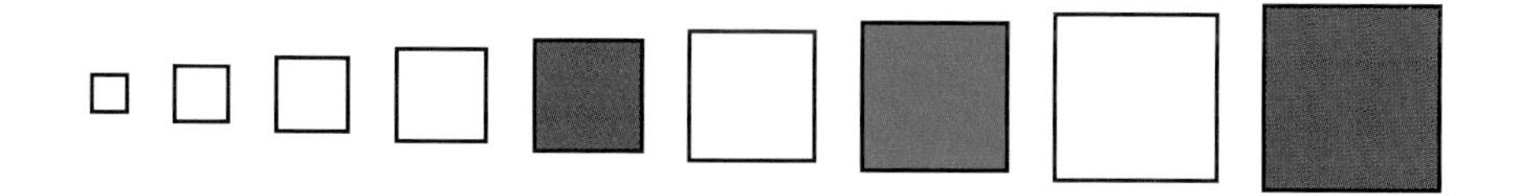

Son estos cuadrados.

Son especiales porque:

+ =

La superficie del primero más la superficie del segundo es exactamente igual a la superficie del tercero.

Tomando un lado de cada cuadrado tenemos estos segmentos:

Con esos segmentos se puede construir un triángulo así:

El matemático Pitágoras demostró con razones lógicas, que absolutamente siempre el triángulo que se forma así es un triángulo rectángulo. No importa que el triángulo sea pequeño, grande, enorme, o que nunca nadie lo haya visto todavía.

Este trabajo matemático de demostrar se llama TEOREMA.

El Teorema de Pitágoras empieza su enunciado diciendo:

En todo triángulo rectángulo, el cuadrado del lado mayor es igual a la suma de los cuadrados de los otros dos lados.

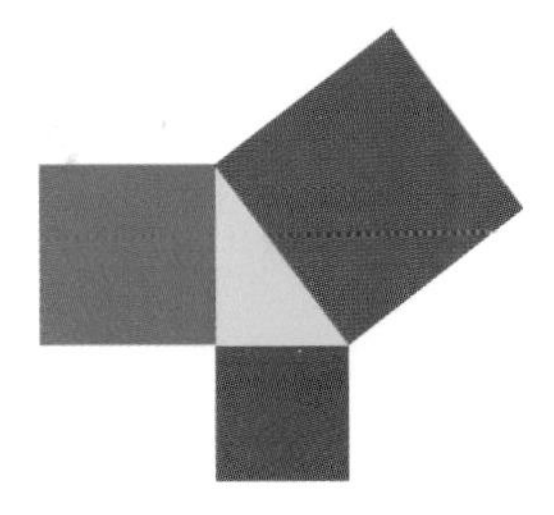

Por ejemplo:

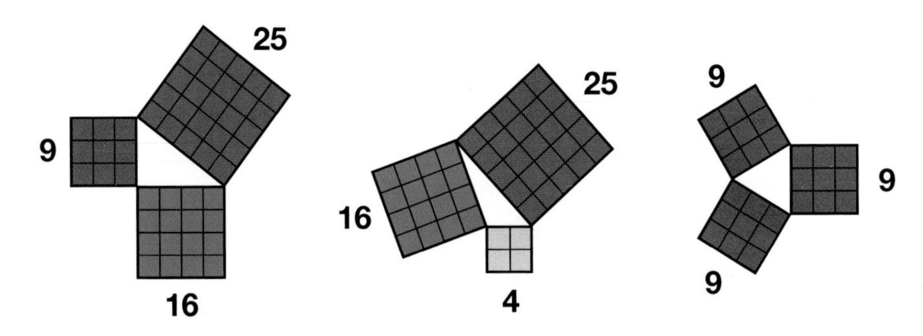

En el de la izquierda, la suma de los cuadrados de dos lados es igual al otro.

$$9 + 16 = 25$$

Cuando pasa eso, el triángulo es rectángulo. Esta característica se conoce como la propiedad de **Teorema de Pitágoras.**

Como todo teorema, el de Pitágoras está formado por el enunciado y la demostración. Para los que les interese la demostración del teorema de Pitágoras, la pueden encontrar en cualquier buen libro de matemática.

Tablas de multiplicar con los dedos

Le asignamos números a los dedos así:

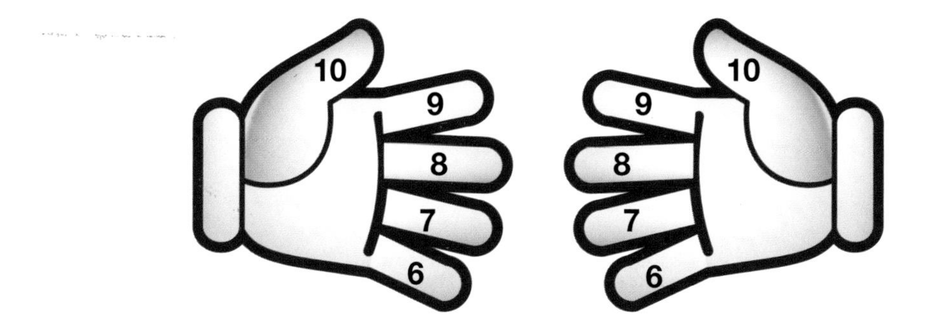

Para multiplicar dos números, por ejemplo 8 x 9 se tocan los dedos que representan a esos números manteniendo los dedos con los pulgares hacia arriba.

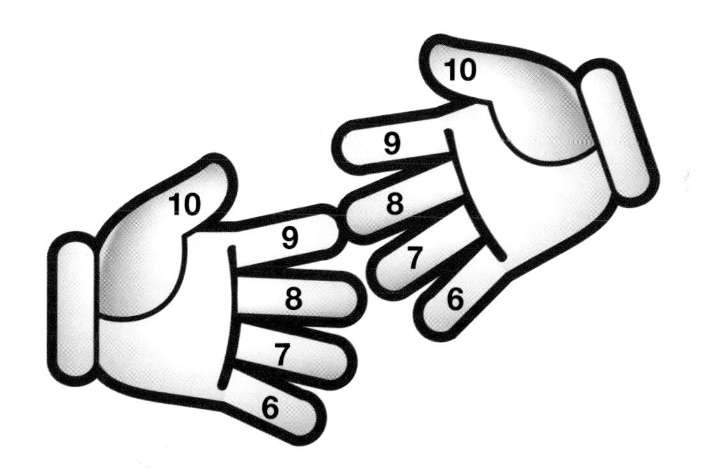

El producto se encuentra multiplicando por 10 el número de dedos que se tocan junto con aquellos situados por debajo (en este ejemplo 7 x 10) y...

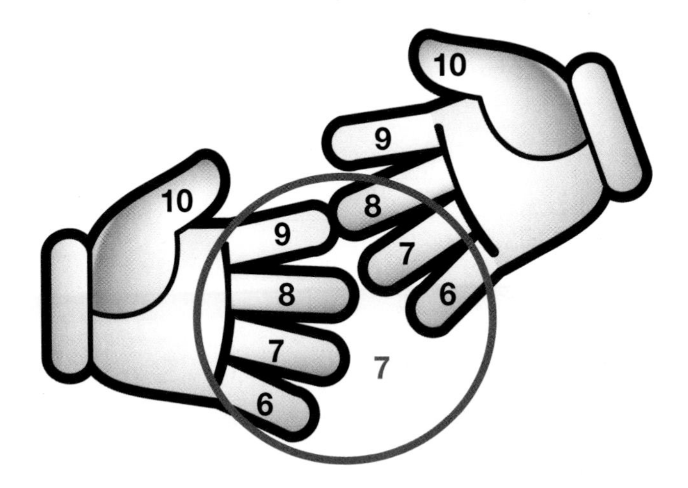

...sumando a este producto del número de dedos que se encuentran por encima de los que se tocan así:

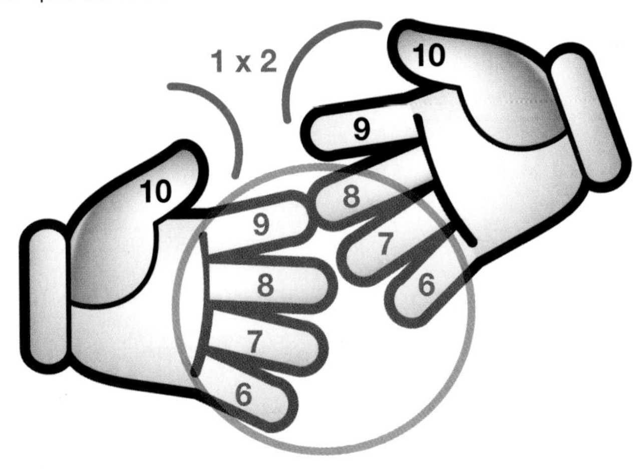

O sea que

8 x 9 = 7 x 10 y 1 x 2 = 70 + 2 = 72

Los chicos dicen "*los de arriba se multiplican y los otros se suman; los de arriba son unidades y los otros, decenas*".

Este otro truco es solo para la tala del 9:

Para empezar hay que poner las manos juntas con las palmas hacia abajo como se ve en la figura.
Le ponemos nombre a los dedos con los números de 1 a 10 así:

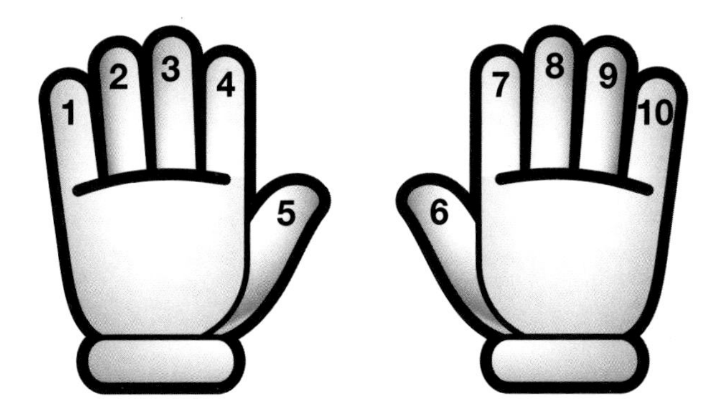

Para saber cuánto es 9×3 por ejemplo, escondemos el dedo 3 así:

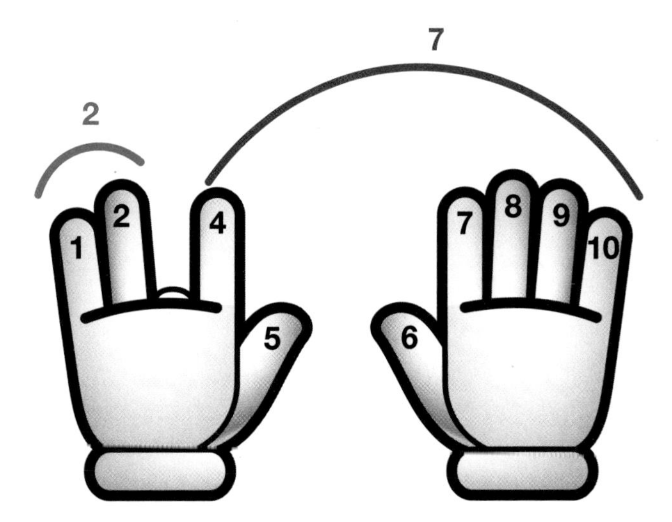

Por último basta ver cuántos dedos quedaron a la izquierda y cuántos a la derecha para tener el resultado.

3 x 9 = 27

Con el mismo procedimiento se tienen los otros resultados de la tabla del 9. Es decir, escondiendo el dedo 1 tenemos 9×1, escondiendo el 2, 9×2, y así hasta que, escondiendo el dedo 10, tenemos 9 x 10.

Trigonometría

Tri quiere decir "tres".
Gonio significa "ángulo".
Metría es "medición".

Trigonometría significa "medición de triángulos". Es la parte de la matemática que se ocupa de las relaciones que hay entre los elementos de los triángulos. Resulta que, dependiendo de la medida de los ángulos, los lados conservan determinadas proporciones, por ejemplo, en todos los triángulos rectángulos isósceles, cada cateto entra exactamente 1 vez en el otro.

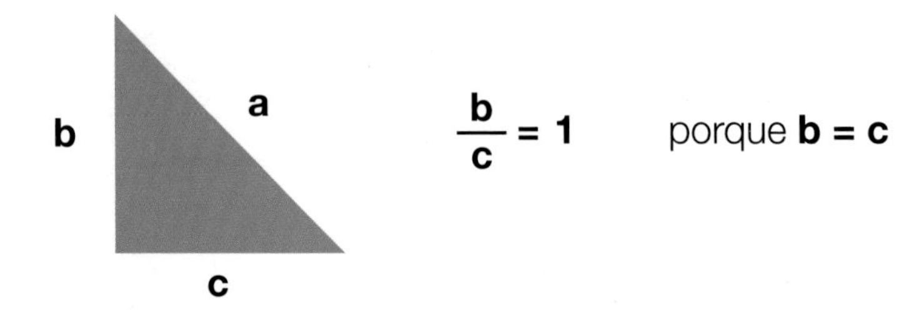

Con las conclusiones de la Trigonometría, al conocer algunas medidas de un triángulo, se pueden calcular las demás, por ejemplo:
Sabiendo que en un triángulo un ángulo interior es de 72°, otro es de 43° y un lado es de 6 cm, se puede calcular la medida de los otros dos lados, el otro ángulo interior, los ángulos exteriores, la superficie y el perímetro.

En todos los triángulos rectángulos en especial, al dividir un lado por otro, es decir, al calcular cuántas veces un lado está contenido en otro, se obtienen números que se conocen y después se usan para resolver los problemas.
Esos resultados de las divisiones se llaman razones trigonométricas. Como son 3 los lados de un triángulo rectángulo, es posible hacer 6 divisiones con ellos. Las razones trigonométricas son: seno, coseno, tangente, cotangente, secante y cosecante.

$$\frac{a}{b} \qquad \frac{b}{a} \qquad \frac{a}{c} \qquad \frac{c}{a} \qquad \frac{b}{c} \qquad \frac{c}{b}$$

Taller de matemática en casa

Acompañar a los niños cuando aprenden matemática en casa puede ir más allá de ayudarlos a hacer la tarea de la escuela. Jugar con ellos manipulando contenidos matemáticos puede ser sumamente estimulante y no compite con la tarea escolar. Aún los papás que no se llevan bien con la matemática, hacen todos los días cosas cotidianas usando los números y resuelven cuestiones que involucran la matemática. Generalmente esos padres y madres no se dan cuenta de que saben más matemática de lo que creen.
Acontecimientos tan domésticos como cocinar, disponer un escritorio en la habitación de manera que le dé más la luz que entra por la ventana, planear las provisiones para una salida al campo, calcular las medidas de una biblioteca nueva, etcétera, pueden ser valiosas actividades matemáticas. Lo que se aprenda dependerá en mucho del entusiasmo de los adultos al proponer el juego a los chicos. Y también del arrojo de los adultos para atreverse a aprender a la par de los niños.
Estas ideas pueden ser el punto de partida para estimular la imaginación y así inventar muchas consignas parecidas.

Geometría en la cocina

Con una masa para galletitas casera ponemos a los chicos a jugar en la cocina.

Cortar con cuchillo masa para hacer una galletita cuadrada, otra rectangular, unas con forma de trapecio, otras de paralelogramo y también una circular.

Cortar otras con esas formas pero de distintas medidas.

Para cortar muchas masas a la vez, pensar una estrategia para que, al cortar todas las galletitas, resulten cuadradas y también iguales. Lo mismo para rectangulares, con forma de trapecio, de paralelogramo y también unas circulares.

Mucho lío con el agua

¿Cuánto es un litro de agua? Esta pregunta puede parecer rebuscada, pero no lo es. Los adultos sabemos que muchos productos vienen en envase de un litro pero, ¿los chicos saben reconocer que una cantidad de, agua por ejemplo, es más o menos un litro si la ven en un recipiente cualquiera?

- Volcar el contenido de un envase de 1 litro de agua mineral en un recipiente cualquiera, una jarra, una cacerola.

- Manipular cantidades de agua en recipientes diferentes para decidir si son más o menos que un litro.

- Repartir 1 litro de agua en dos recipientes para obtener medios litros.

- Repartir 1 litro de agua en cuatro recipientes para obtener cuartos litros.

- Repartir 1 litro de agua en tres recipientes para obtener tercios de litro. Aunque no sea común esa medida en los envases comerciales, es matemáticamente bien importante dar la misma importancia a todas las fracciones.

- Repartir 1 litro de agua en diez recipientes iguales para obtener décimos litro, es decir, decilitros.

- Llenar un balde con litros de agua para calcular su capacidad. Con el mismo procedimiento calcular la capacidad de una cacerola, de una taza de desayuno, otra de café, un cucharón, etcétera.

Figuras dibujadas a pedido

- Dibujá un rombo que tenga su diagonal mayor como la de éste, pero sus lados un poco más grandes.
- Dibujá un rombo cuyos lados sean el doble de los de éste.
- Dibujá un rombo que tenga un perímetro más grande que éste, y otro con perímetro más chico.

- Dibujá un cuadrado cuya diagonal sea el doble de la de éste.
- Dibujá un cuadrado cuya diagonal sea más chica que la de éste.
- Dibujá un cuadrado cuyo lado sea igual a la diagonal de éste.

➜ Dibujá un trapecio cuyas diagonales sean más grandes que las diagonales de éste.

➜ Dibujá un trapecio que tenga sus bases como la del dibujo, pero que tenga un ángulo interior recto.

➜ Dibujá un paralelogramo que tenga sus lados iguales a los de la figura pero tenga un ángulo interior recto.

➜ Dibujá un cilindro que tenga una altura así:

➜ Dibujá un cono que tenga una altura así:

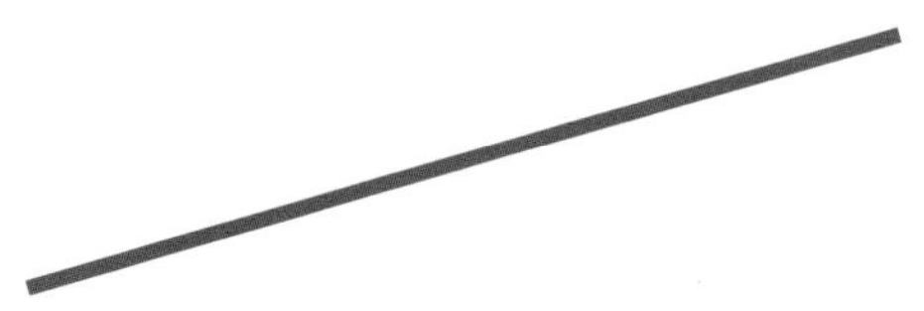

Un medio de lo que sea

Así como para abstraer el concepto de rojo, u otro color cualquiera, una persona necesita trabajar con muchos objetos de ese color, de la misma forma es necesario trabajar con muchas situaciones para abstraer el concepto de número; después de todo, rojo es una cualidad de algunos objetos y los números también son cualidades (de colecciones en el caso de los números naturales, y de las partes del entero para los números racionales representados por las fracciones).

- Con tijera obtener $\frac{1}{2}$ de un círculo de cartulina.
- Con tijera cortar hojas lisas de impresora y separar $\frac{1}{2}$. ¿De cuántas maneras diferentes podés cortar?
- Con cuchillo obtener $\frac{1}{2}$ de un disco para empanadas.
- Con serrucho obtener $\frac{1}{2}$ de una placa de madera de forma rectangular.
- Con recipientes obtener $\frac{1}{2}$ del contenido de una botella de gaseosa. Cuidado con esta consigna; una cosa es obtener medio litro con una jarra medidora que tiene marcas para las cantidades, y otra bien diferente es tomar dos recipientes iguales y separar el litro de gaseosa en dos cantidades idénticas.

Buscar cantidades en la realidad

Si queremos enseñar a calcular, primero tenemos que estar seguros de que los niños conocen las cantidades que representan los números. Contar y contar es quizás el primer juego matemático de los niños. A veces los adultos perdemos de vista esa etapa y, como para nosotros es muy natural conocer las cantidades, tendemos a pensar que los chicos también las conocen y rápidamente pretendemos que manipulen números de varias cifras aún cuando la cantidad que representan no significan casi nada para ellos.

- ¿Cuántos azulejos hay en el baño de tu casa?

No se trata de una pregunta ingenua ésta. Puestos a contar, y más temprano que tarde, los chicos empezarán a desarrollar estrategias como contar por filas, etcétera. Si la actividad es con dos o más niños, el adulto puede plantear el desafío de que discutan los resultados. Bueno, es un juego así que seguramente ustedes encontrarán muchas maneras de jugar y divertirse mientras aprenden matemática.

- ¿Cuántas puertas hay en el patio de la casa de tu abuela?
- ¿Cuántas llaves lleva tu papá en el llavero?
- ¿Cuántas ventanas hay en tu casa?

- ¿Cuántas baldosas hay en la vereda de tu casa?
- ¿Cuántas salchichas hay en los paquetes que se venden en el supermercado?
- ¿Cuántas papas entran en un kilo?
- ¿Cuántos centímetros mide tu brazo?
- ¿Cuántos asientos tiene un colectivo?
- ¿Cuántas naranjas entran en tu mochila?
- ¿Cuántos tentáculos tiene un pulpo?
- ¿Cuántos centímetros mide el diámetro de una pizza?
- ¿Cuántos cuadraditos tiene una hoja cuadriculada?

Montones de cosas a partir de los números

Todos sabemos lo que queremos decir cuando decimos 1000 pero, ¿hicimos la experiencia de ver 1000 objetos todos juntos?

- Pintar 46 cuadraditos de una hoja cuadriculada.
- Recortar muchas centenas de cuadraditos de una hoja cuadriculada. Con diez de ellas, pegarlas en una cartulina para tener 1000 cuadraditos.
- Recortar cuadraditos de cartulina, de distintos colores, de 1 centímetro de ancho (tendrán una superficie de 1 centímetro cuadrado de superficie cada uno). Con ellos armar un collage que tenga exactamente una superficie de 99 centímetros cuadrados. Vale cortarlos.
- Poner en un balde el contenido de 70 tazas de agua iguales.
- Pegando tiras de papel, armar una tira grande de 10 metros. Usala para averiguar si desde tu cama hasta la puerta de tu casa hay más o menos de 10 metros.

Para terminar

A los padres que se comprometen con sus hijos cuando hacen la tarea de la escuela, les puede ser útil tener más claro los conceptos matemáticos. Por eso este libro contiene algunas explicaciones con la idea de refrescar cosas que los adultos ya no recuerdan o que nunca terminaron de aprender, por las razones que fuera.
Sin embargo, para enseñar matemática no alcanza con conocer el tema científico. Es necesario saber también cómo se construye el conocimiento para lograr que los niños aprendan, es decir, que no basta con que el adulto le diga al chico cómo se hace un cálculo o cómo se resuelve un problema, sino que es necesario que lo acompañe a llegar por sí mismo a las conclusiones. El saber es algo que nunca está del todo construido, siempre se puede saber algo más de un tema. No hay que descartar el error porque siempre es fuente de aprendizaje. Alguien que ha hecho algo mal y se da cuenta, ya sabe algo importante. Cualquiera que haya aprendido a hacer una torta, por ejemplo, sabe lo que hay que hacer y lo que no hay que hacer para que resulte verdaderamente sabrosa.
Una cosa es recurrir a un libro para obtener una fórmula o una definición, y otra bien diferente es buscar ayuda para enseñarle a ese chico la matemática de la fórmula. El adulto tendrá que estar dispuesto a observar qué sabe ese niño del tema y, a partir de eso, seguir construyendo ese saber. Aunque no parezca, siempre los chicos saben algo del tema que se trate. A veces ellos dicen que no saben nada porque sencillamente no saben decir lo que saben; otras veces la frustración que ya experimentaron con una cuenta o lo que sea, los bloquea y dicen "no entiendo nada". Los adultos podemos observar qué hacen los niños, cómo lo hacen, qué no logran hacer, y en base a eso retomar la idea y acompañar a seguir construyendo. El niño es el que construye su propio conocimiento así que de nada sirve que el adulto intente imponer su saber, por más buena voluntad que tenga.
Enseñar matemática es bien difícil y es trabajo de quienes se han formado no solo para enseñar, sino también en la ciencia matemática. No es necesario que los padres se vuelvan especialistas en matemática ni en didáctica de la matemática. Lo que se vuelve indispensable es que los padres contagien a sus chicos la pasión por aprender, el gusto por la ciencia y la inclaudicable actitud de usar su propio sentido común y no aceptar conclusiones hasta que no estén abaladas por razonamientos propios.

Índice